SOCIÉTÉ

DES

ANCIENS TEXTES FRANÇAIS

LE MYSTÈRE DE SAINT BERNARD DE MENTHON

Le Puy, imprimerie de Marchessou fils, boulevard Saint-Laurent, 23

LE MYSTÈRE

DE

S. BERNARD DE MENTHON

PUBLIÉ POUR LA PREMIÈRE FOIS

D'APRÈS LE MANUSCRIT UNIQUE APPARTENANT

A M. LE COMTE DE MENTHON

PAR

A. LECOY DE LA MARCHE

PARIS
LIBRAIRIE DE FIRMIN DIDOT ET Cie
RUE JACOB, 56

M DCCC LXXXVIII

Publication proposée à la Société le 5 mai 1886.

Approuvée par le Conseil le 26 mai 1886 sur le rapport d'une commission composée de MM. Meyer, Picot et Raynaud.

Commissaire responsable :
M. P. Meyer.

INTRODUCTION

I

LE SUJET DU MYSTÈRE

Une alliance projetée entre deux familles de haut rang, un jeune seigneur et une noble héritière fiancés l'un à l'autre, en un mot, un amour naissant; puis l'époux de demain prenant inopinément la fuite à la faveur de la nuit, sous l'empire d'une irrésistible vocation et comme à l'appel d'une voix mystérieuse; s'en allant ouvrir, au milieu des glaces et des rochers sauvages, un hospice pour recueillir les voyageurs en détresse, un monastère pour assurer la paix et la sécurité de la montagne; délivrant, Hercule de la charité, tout un pays sans défense des monstres qui l'infestaient; usant sa vie dans les travaux apostoliques, et retrouvé plus tard par ses vieux parents, qui le pleuraient comme mort : en voilà, certes, plus qu'il n'en faut pour fournir à un dramaturge, à un poète, des situations tragiques et des scènes saisissantes. Est-ce à dire que l'obscur auteur du Mystère que je publie aujourd'hui ait su les dégager? Non, car une pareille œuvre n'était ni dans ses intentions ni dans l'esprit de son époque : nos aïeux, comme l'on sait, ne demandaient qu'à pouvoir suivre pas à pas la vie d'un héros ou d'un saint, et à voir évoquer devant eux, dans une série de tableaux, toutes les actions attribuées à ce personnage par la tradition ; c'est ce qui a lieu dans le Mystère de saint Bernard de Menthon ainsi que dans beaucoup d'autres.

Le sujet principal de cet ouvrage, comme de la légende qui en est le fondement, est l'expulsion des hôtes malfaisants qui infestaient les deux montagnes appelées depuis le Grand et le Petit Saint-Bernard, et l'établissement de deux hospices sur l'emplacement de leurs repaires. La part de la vérité et celle de l'amplification sont difficiles à déterminer dans le récit qui nous est parvenu de cet important événement; mais il est plus aisé d'en saisir les conséquences. La première fut de rétablir une communication directe et sûre entre la Gaule et l'Italie. Bernard de Menthon perça les Alpes à sa manière. C'est ce qui l'a rendu célèbre au moyen âge dans une bonne partie de l'Europe, et spécialement dans l'immense tribu des pèlerins qui accomplissaient le pieux voyage de Rome. Son successeur immédiat dans la dignité d'archidiacre d'Aoste, Richard de la Val-d'Isère, ou, si l'on veut, le biographe qui a pris ce nom, a constaté le fait en écrivant sa légende [1]. En dehors de cette grande action, nous n'avons que des indications assez vagues sur la vie du héros de notre Mystère.

Les seigneurs de Menthon figuraient, dès l'époque de saint Bernard, au nombre des principales familles du comté de Genevois : il existe un vieux dicton savoyard qui constate leur antique noblesse [2]. Ils exerçaient les droits souverains sur leurs terres, qu'ils tenaient primitivement des empereurs d'Allemagne. Richard de Menthon, le père de Bernard, avait pour frère le sire de Beaufort, seigneurie qui fit partie tour à tour du Genevois, du Faucigny et de la Tarentaise (aujourd'hui dans l'arrondissement d'Albertville). Il avait épousé Bernoline de Duingt, à laquelle les historiens locaux attribuent une origine plus illustre encore : elle descendait, s'il faut s'en rapporter à Richard de la Val-

---

1. *Acta Sanctorum junii*, II, 1074 et suiv.
2. Voy. ci-après, p. 13, note 1.

d'Isère, du fameux comte Olivier de Genève, pair de Charlemagne [1].

Bernard serait né, d'après son biographe, l'an 923, au château de Menthon. Cette vieille demeure féodale s'élevait, comme aujourd'hui, au-dessus du lac d'Annecy, sur la rive orientale, en face de Duingt ; fier nid d'aigle suspendu entre deux rochers, et dominé lui-même par les cîmes déchiquetées de la Tournette et du Lanfont. Il ne reste plus rien de ses constructions primitives : cependant, suivant la tradition du pays, la chambre du saint, ou du moins son emplacement, aurait été religieusement conservée, ainsi que la fenêtre par laquelle il se serait enfui ; cette chambre a été convertie en chapelle, et tous les ans, au 15 juin, les populations d'alentour y viennent en pèlerinage.

Richard nous raconte ensuite que l'héritier des Menthon était d'une précocité remarquable. Il fit ses premières études dans les écoles du pays ou dans le château paternel, sous la direction d'un précepteur d'origine flamande, appelé Germain, qui joue un rôle dans le Mystère. Ce dernier personnage a lui-même été gratifié par les traditions locales de l'auréole des saints : le prieuré voisin de Talloires, qui existait en germe depuis le IXe siècle, et le roc de Chère, ce promontoire escarpé qui s'avance dans le lac entre la même localité et le village de Menthon, lui auraient plus tard servi de retraite. On voit encore, non loin de là, un ancien ermitage et un petit hameau qui portent son nom. Bernard alla ensuite terminer son éducation dans un grand centre scolaire, à Paris, suivant certains biographes, mais toujours en compagnie de son précepteur. C'est là que se dessina sa vocation ecclésiastique ; c'est là aussi qu'il aurait commencé, tout jeune, à rêver la destruction des idoles du Mont-Joux et du brigandage dont elles étaient le prétexte. En effet, le grand patron des étudiants, à Paris surtout, était saint Nicolas de Myre : le culte séculaire de cet illustre pontife était en honneur dans toutes les écoles ; on y savait sa vie par

---

[1]. *Acta Sanctorum, l. cit.* On a supposé au moyen âge qu'Olivier était l'ancêtre des comtes de Genève. Voy. sur cette fable une dissertation de M. Ritter, *Olivier et Renier, comtes de Genève*, dans la *Revue Savoisienne* de février 1888 ; et cf. *Romania*, XVII, 355.

cœur, et peut-être y célébrait-on déjà sa fête par quelques-unes de ces représentations dramatiques au caractère primitif, qui devinrent un peu plus tard le *Jeu de saint Nicolas*. Or, l'évêque de Myre avait lui-même fait la guerre aux idoles de sa contrée ; il avait notamment détruit les simulacres de la déesse Digna, qui attiraient les marins dans des gouffres sans fond et multipliaient les naufrages [1]. On ne peut s'empêcher de remarquer, à tout le moins, une grande similitude entre les exploits de saint Nicolas et ceux de saint Bernard de Menthon ; et ce qui semble autoriser l'explication que je viens de donner, d'après la version du légendaire, c'est que le jeune étudiant se prit, vers cette époque, d'une ferveur très vive pour le patron de ses confrères, qu'il le choisit pour son protecteur spécial et lui voua une admiration qui ne se démentit jamais. Richard lui fait même accomplir toutes ses actions importantes sur l'inspiration de saint Nicolas et avec son intervention directe.

Il est donc fort possible qu'en repassant dans son esprit l'histoire du libérateur des rivages de Lycie, Bernard ait reporté involontairement ses souvenirs vers les vallées des Alpes : là aussi gémissait une population opprimée, décimée ; à son oreille retentissaient encore les récits effrayants qui avaient bercé son enfance, dans les longues veillées du château, et qui redisaient les épouvantables accidents arrivés aux pèlerins du Mont-Joux. Il devait s'écrier, au fond de son cœur : « Moi aussi, je chasserai le paganisme et la barbarie de mes montagnes. » Quand il revint à Menthon, rappelé par un père qu'alarmaient les premiers symptômes d'une vocation impérieuse, cette pensée avait pris possession de son âme toute entière. La présentation d'une jeune fille charmante, l'échange flatteur d'une première promesse provoquèrent, sans doute, un combat dans son esprit troublé ; mais la sensation d'un moment n'était pas assez forte pour prévaloir contre les attractions toutes-puissantes de l'idéal entrevu dans les rêves généreux et longtemps caressés de l'adolescence : la pauvre fiancée était sacrifiée d'avance. Telle est, du moins, l'explication que l'on peut donner de la pre-

---

[1]. *Acta SS. junii*, II, 1074.

mière partie du récit très sommaire du biographe, si l'on veut en reconnaître l'authenticité.

C'était pourtant une belle et riche alliance que celle qui devait unir la Savoie et le Genevois dans la personne de deux de leurs plus nobles enfants. La maison de Miolan, dont le fief était situé près de Saint-Pierre d'Albigny (arrondissement de Chambéry), occupait elle-même, dès cette époque reculée, un rang des plus distingués. Le seul fait d'avoir été choisie entre plusieurs par le baron de Menthon et ses parents assemblés équivaut pour elle à un brevet de vieille noblesse ; car, d'après le Mystère, si la mère de Bernard voulait pour son fils une femme gracieuse,

Et, qui mieulx vault, moult virtueuse,

le père, l'oncle et le parrain cherchaient avant tout une haute naissance, avec une fortune solide. Les sires de Miolan ont, du reste, justifié depuis leur renommée en fournissant à leur pays plus d'une illustration. Richard de la Val-d'Isère veut que l'accord entre les deux familles ait été définitivement conclu et que les choses aient été poussées très loin, puisque c'est au milieu même des réjouissances nuptiales, dans la nuit qui devait précéder la cérémonie, que le fiancé malgré lui prit le parti de s'évader en laissant aux siens une lettre d'adieu. Abandonnant ses père et mère à leurs lamentations, la jeune fille à sa douleur muette et résignée, les parents de celle-ci à leur indignation trop facile à comprendre, Bernard franchit rapidement les vingt lieues qui séparent Menthon de la ville d'Aoste, située au pied du Mont-Joux, sur le versant italien. D'autres légendes, amplifiant cette version, prétendent même qu'il parcourut cette distance dans l'espace d'une nuit et qu'il arriva à destination dans la matinée du lendemain [1]. Mais, en admettant que le désir d'échapper aux recherches lui eût donné des ailes, une telle célérité paraît encore impossible à qui connaît les difficultés du trajet (et quelles ne devaient pas être ces difficultés

---

[1]. Richard dit seulement : *Bernardus per devia concitato gressu festinavit in Augustam*. Mais les premiers mots de la phrase qui suit *(mane vero crastino)* ont pu, à la rigueur, être rattachés à celle-ci par quelques interprètes et donner par là naissance à l'amplification dont il s'agit.

au xe siècle !). Aussi a-t-il fallu l'attribuer à une intervention surnaturelle. C'est pourquoi les vieilles images représentant la fuite du jeune seigneur nous le montrent accompagné d'un ange et de son inséparable protecteur, saint Nicolas, avec cette inscription au bas : *Emporté par miracle* [1].

Parvenu dans la ville d'Aoste, Bernard entra aussitôt dans les ordres et fut admis dans le chapitre diocésain. Le Mystère rappelle ces faits en quelques scènes curieuses ; puis, enjambant une période d'une vingtaine d'années au moins, il passe presque immédiatement à l'expédition du Mont-Joux, qui forme le nœud de l'action. Deux mots d'explication sur ce point ne seront peut-être pas inutiles.

A une époque très reculée, les cols des montagnes qui se sont appelées, depuis le moyen âge, le Grand et le Petit Saint-Bernard servaient déjà de passage pour se rendre directement d'Italie en Gaule ou *vice versâ*. Cent ans avant Jésus-Christ, les Romains pratiquaient le premier. Jules César, en faisant passer les Véragres sous sa domination, occupa cette position importante, qui commandait toute la vallée du Rhône et séparait le peuple conquis de celui des Salasses. Un peu plus tard, Auguste dut envoyer une expédition contre ces rudes montagnards, et l'armée impériale prit complètement possession de leurs défilés. Cœcina y fit passer à son tour ses légions lorsqu'il se porta, en l'an 69, au secours des villes de la Gaule cisalpine qui s'étaient déclarées en faveur de Vitellius contre Othon, son compétiteur. A la faveur de ces occupations successives, les idoles romaines commencèrent à prendre la place des antiques divinités du pays. Auguste fit ériger une statue de Jupiter au sommet de la montagne, qui dès lors prit le nom de *Mons Jovis* (Mont-Joux). Le nom du dieu alpestre, Pen, ne disparut pourtant pas entièrement, et, par une sorte de ménagement pour les superstitions locales, le Jupiter de ces contrées s'appela Jupiter Pennin ; d'où le terme géographique d'Alpes Pennines. En même temps que la statue, les conquérants élevèrent un temple, établirent un premier refuge (*mansio*), et ouvrirent à leurs soldats, à leurs marchands une

---

1. Voy. la *Vie de S. Bernard de Menthon*, par un chanoine du Grand-Saint-Bernard, Paris, 1862, in-12, p. 32.

grande voie de communication. Les vestiges du monument se voient encore à dix minutes de l'hospice actuel, du côté du couchant, et l'on distingue en plus d'un endroit, dans le roc, ceux de la voie romaine, où des pierres milliaires marquaient les distances entre *Octodurum* (Martigny) et *Augusta Prætoria* (Aoste). Le jour où la Croix eut officiellement détrôné, à son tour, les vieilles divinités de Rome, Constantin fit améliorer la route ; ses successeurs agrandirent le refuge, l'entretinrent aux frais de l'État, et presque aussitôt le Mont-Joux devint le passage le plus fréquenté des nombreux pèlerins qui, de la Gaule, de la Grande Bretagne, de l'Irlande, s'en allaient visiter le tombeau de saint Pierre. Mais la statue de Jupiter, placée à quelque distance du grand chemin, n'en subsista pas moins, veuve de ses adorateurs, oubliée, délaissée. C'est ce qui arriva en beaucoup d'autres lieux et à beaucoup d'autres monuments du culte païen. Par conséquent, lorsque Beugnot, dans son excellente histoire de la *Destruction du paganisme en Occident*, argüe de l'établissement d'un antique *hospitium* et du passage de plusieurs armées chrétiennes sur le Mont-Joux, bien avant l'époque de saint Bernard de Menthon, pour révoquer en doute l'existence d'une idole de Jupiter au xe siècle et, par suite, toute l'histoire de l'archidiacre d'Aoste [1], il se prononce avec quelque peu de légèreté et se met sans motif en contradiction avec les textes.

L'*Alpis graia* qui devait s'appeler le Petit Saint-Bernard avait suivi à peu près la même destinée. Le fameux passage d'Annibal à travers les Alpes, qui a suscité tant de controverses, paraît s'être effectué par ce col, d'après les recherches minutieuses faites sur les lieux par M. l'abbé Ducis, archiviste de la Haute-Savoie. Il était traversé par une voie romaine qui a laissé des traces encore plus visibles que celle du Mont-Joux, et qui mettait en communication d'un côté le Val d'Aoste et l'Italie, de l'autre *Darentasia* (Tarentaise ou Moutiers), *Bautas* (Annecy), Genève et toute l'Helvétie occidentale [2]. Toutefois il n'est pas prouvé qu'il y eût là

---

1. Tome II, pages 344 et suiv.
2. Il faut même observer que cette voie, dont M. Ducis a restitué très heureusement le tracé dans son *Mémoire sur les voies romaines de la Savoie*

un refuge, comme sur l'autre montagne. Il y avait, du moins, un temple, dont les débris sont très reconnaissables, et une enceinte de pierres de 220 mètres de circonférence, toujours debout. Il y avait surtout une colonne antique, dont l'histoire se rattache étroitement à celle de saint Bernard de Menthon, et qui en confirmerait, au besoin, l'authenticité, sauf les superfétations de la légende. Cette dernière parle d'un seigneur de la contrée, appelé Polycarpe, qui aurait élevé en ce même lieu une colonne très haute, surmontée d'une brillante escarboucle, devenue bientôt, pour les paysans, l'*œil de Jupiter*, et, par suite, une espèce de talisman idolâtrique ; ce monument singulier se serait conservé, comme la statue, jusqu'au xe siècle et aurait fait donner à la montagne le nom de *Colonne-Jou*. En ce qui touche son origine et la nature de ses vertus merveilleuses, rien de certain. Mais l'existence de la colonne paraît bien démontrée, car on en reconnaît, aujourd'hui encore, la partie inférieure, s'il faut s'en rapporter aux conclusions de l'archéologue que je viens de citer :

« Le seul monument qu'on aperçoive de loin, » dit M. l'abbé Ducis, « est un fût de colonne de 4 mètres 48 de hauteur [1], jadis surmonté d'une croix de fer, et maintenant d'une croix de bois [2]. C'est à tort que quelques auteurs l'ont prise pour une pierre milliaire. La forme la plus simple [des pierres milliaires] était ordinairement un bloc taillé en cippe, à base cubique, pour les fixer en terre ; le nombre des milles et quelquefois le nom de l'empereur se gravaient sur le fût, contrairement aux colonnes, dont les inscriptions se plaçaient habituellement sur le dé du piédestal. Or, notre fût ne paraît pas avoir formé avec sa base un monolithe : il n'a pas d'inscription. Et cependant le Romain qui l'a fait élever n'aura pas été plus modeste que ses compatriotes, qui ne manquaient jamais de laisser leurs noms sur tous les monuments. L'inscription était donc sur le piédestal,

---

(Annecy, 1861), pl. 1, passait par Menthon, et que c'est celle-là qu'a dû suivre saint Bernard pour gagner Aoste.

1. Les mesures données dans la *Guida illustrata della Valle d'Aosta* de Ratti et Casanova (Turin, 1888), p. 339, sont, pour la hauteur, 4,35, et, pour la circonférence, 2,10.

2. Depuis 1886, cette croix a été remplacée par une statue de saint Bernard de Menthon. Voy. le Guide cité à la note précédente, p. 339.

comme celles de Lucius Lucillus et de Terentius Varro à la colonne du Grand Saint-Bernard. La croix qui la surmonte aujourd'hui indique un monument d'origine religieuse (ou un monument auquel le caractère chrétien aura été ultérieurement imprimé, comme sur tant d'autres débris du paganisme). C'était donc probablement la *Colonne-Jou,* sur laquelle l'œil de Jupiter, qui avait succédé au génie du lieu, était représenté par une escarboucle [1]. »

Les deux montagnes abritèrent, par conséquent, derrière leurs roches inaccessibles les derniers vestiges de la superstition idolâtrique. Lorsque le Mont-Joux fut traversé par les Lombards, vers 547, puis par l'armée de Bernard, oncle de Charlemagne, en 773, rien ne fut changé. Le petit refuge primitif continua de coexister avec la vieille statue de Jupiter Pennin et d'abriter les *romiers* qui passaient par là ; il paraît même avoir été desservi par quelques clercs, et l'on retrouve sa trace dans les chartes jusqu'en 859. Mais, vers cette époque, des guerres intestines et de nouvelles invasions barbares commencent à porter le ravage jusqu'au fond des Alpes. Rodolphe, roi de la Bourgogne transjurane, couronné à Saint-Maurice en Valais, occupe le Mont-Joux pour résister à Arnoul, roi de Bavière, et se sert de l'hospice comme d'un retranchement ; peut-être même le détruit-il en se retirant devant son adversaire. Celui-ci franchit à son tour le col, et toute la région est désolée par une série de combats. Puis ce sont les Hongrois qui descendent en Lombardie et tentent de passer en France. Ils rencontrent une résistance inattendue ; mais ils reviennent une seconde fois et finissent par traverser les Alpes : Rodolphe II les repousse avec peine, au prix d'une lutte sanglante. Enfin, crise plus terrible encore, les Sarrasins couvrent de leurs bandes dévastatrices, vers le milieu du xe siècle, une partie de la France méridionale, la Provence, la Suisse, la Savoie [2]. Quelques-uns de ces pillards s'installent même dans les pays envahis et ne les quittent plus. Suivant la tradition du pays, ils y auraient fait souche, et ainsi s'expliqueraient dans quelques vallées savoyardes, comme celle des Bauges, la présence de certains types, de certains usages n'ayant

---

1. Ducis, *op. cit.*, p. 19.
2. Voy. sur ces faits le livre de Reynaud, *Les invasions des Sarrasins.*

rien de commun avec ceux de la population indigène ; car ces colonies sarrasines, établies à la faveur des troubles d'une époque agitée, et oubliées ensuite, ne se seraient mêlées que fort tard aux anciens habitants.

Les Sarrasins ne seraient sans doute point parvenus à s'emparer par leurs propres forces des cîmes escarpées qui dominent le Valais et le Val d'Aoste. Il fallut qu'un prince chrétien, aveuglé par l'animosité d'une lutte d'ambition, leur livrât ce poste imprenable. Hugues, comte de Provence, pour empêcher Bérenger, son compétiteur à la couronne d'Italie, de venir lui disputer la région des Alpes, ne trouva rien de mieux à faire que d'appeler au Mont-Joux une horde sarrasine et de l'y installer, avec la mission de fermer le passage [1]. « Hérode, s'écrie le chroniqueur Liutprand, s'a-
« dressant à Hugues, Hérode, pour n'être pas privé d'un
« royaume terrestre, ne craignit pas de faire tuer une mul-
« titude d'innocents; toi, au contraire, pour arriver au même
« but, tu laisses échapper des hommes criminels et dignes de
« mort... Ne rougis-tu pas, ô montagne, de prêter ton om-
« bre à des gens qui vivent de sang et de brigandage ? Puis-
« ses-tu être consumée par la foudre, brisée en mille piè-
« ces, plongée dans le chaos éternel [2] ! »

Ces mots indiquent assez la transformation qui s'opéra aussitôt sur le Mont-Joux. Une fois maîtres de la position, les Sarrasins s'y fortifièrent, suivant la tactique adoptée par eux, qui était de se retrancher sur les hauteurs et de rançonner de là toutes les populations d'alentour; c'est ce qu'ils firent notamment dans les défilés situés entre Gap et Embrun, où ils capturèrent, en 972, saint Mayeul, abbé de Cluny, et sur quelques montagnes de la Maurienne, où un oncle du chroniqueur de l'abbaye de Novalèse essuya une aventure du même genre en traversant cette province pour se rendre à Verceil [3]. Trouvant la place bonne, ils ne voulurent plus s'en aller, et s'organisèrent pour vivre de meurtre et de rapine. « Le
« nombre des chrétiens qu'ils tuèrent, dit encore Liutprand,
« fut si considérable, que celui-là seul peut s'en faire une

---

[1]. Voy. Papon, *Hist. de Provence*, II, 165.
[2]. Liutprand, *Hist.*, v, 7.
[3]. *Acta Sanctorum*, au 11 mai; Muratori, *Rerum italic. script.*, II, 733.

« idée qui a inscrit leurs noms au livre de vie¹. » Bientôt la terreur régna sur toute la contrée ; nul n'osa plus approcher de la montagne redoutée, excepté quelques pèlerins plus hardis que les autres ou plus ignorants du danger.

Tels sont, en résumé, les faits que l'on peut démêler à travers l'obscurité des textes et la poésie des légendes. La dénomination de *païens*, sous laquelle étaient connus les pillards de la célèbre montagne, confirme à elle seule cette explication : on sait que ce nom était spécialement et constamment donné aux Sarrasins par les peuples du moyen âge, qui n'établissaient guère de distinction entre le paganisme romain et la religion des Arabes, et qui faisaient de *Mahom* une idole, d'Apollon une divinité musulmane. Du reste, par le fait, ces deux éléments de l'anti-christianisme se trouvaient ici réunis.

Mais, si quelques textes peuvent nous éclairer sur la situation de la célèbre montagne avant l'entreprise de saint Bernard, nous en sommes malheureusement réduits, sur cette dernière, au récit de Richard. En laissant de côté, comme l'ont fait les Bollandistes, les fables grossières qui déshonorent cette légende, voici ce que l'on peut tirer du reste, en admettant qu'il soit authentique.

Il y avait déjà quelques années que régnait la « terreur sarrasine » au moment où la légende de Richard place l'entrée de Bernard de Menthon dans le clergé d'Aoste, puisque dans sa première jeunesse il s'était préoccupé de ce triste état de choses. En supposant qu'il se soit enfui du manoir paternel vers l'âge de vingt-cinq ans (moment où l'on devait songer à le marier), cet adieu au monde aurait eu lieu aux environs de l'an 948 ; et, en effet, les historiens placent en 942 l'installation des barbares envahisseurs sur le Mont-Joux par le comte Hugues de Provence². Mais les généreux projets du jeune clerc ne purent de si tôt recevoir leur exécution. Les obstacles s'accumulaient ; les secours humains lui manquaient, et son autorité dans le diocèse n'était pas encore assez grande.

Appelé en 966, à l'âge de quarante-trois ans, à remplacer

---

1. Liutprand, *ibid.*
2. Voy. Papon, *loc. cit*

l'archidiacre Pierre [1], qui l'avait accueilli le premier dans son église, il commença à préparer sérieusement l'expédition depuis longtemps arrêtée dans son esprit. Une circonstance déterminante se présenta bientôt : une caravane de *romiers*, décimée par les bandits, vint implorer son secours ; l'un d'eux, ou, suivant une autre version, saint Nicolas déguisé en pélerin, l'engagea à tenter avec lui l'ascension de la montagne et l'extermination des oppresseurs. Aussitôt Bernard, voyant là un ordre du ciel, se munit de l'autorisation de son diocésain (c'était alors Luittifredus, quatorzième évêque d'Aoste [2], car on était à peu près en 970) ; il s'arma de son étole et du bourdon qui constituait l'insigne de sa dignité, puis se mit bravement en marche, derrière une petite troupe de neuf pèlerins, afin que les coups des brigands, habitués à saisir tous ceux qui venaient au dixième rang, tombassent sur lui. Arrivé au sommet, il marche droit à Jupiter, et, avant que l'on ait pu s'emparer de sa personne, il entoure de son étole, changée en chaîne, la statue du dieu, l'exorcise et la précipite dans un abîme sans fond, qui s'ouvrait près de là. Déconcertés par une telle audace, les païens n'opposèrent qu'une faible résistance : il y eut cependant lutte, car les traditions parlent d'un magicien ou d'un prêtre de l'idole qui aurait été garrotté ou mis en fuite avec tous les siens. Quoiqu'il en soit, c'était une victoire éclatante, miraculeuse, et Bernard se hâta de la couronner en allant renverser de même le monument de la Colonne-Jou, qui peut-être avait servi de poste et de repaire à une autre bande sarrasine. Les habitants d'Aoste lui firent, à son retour, une réception enthousiaste et le vénérèrent dès lors comme un saint. Le passage le plus important des Alpes Pennines se trouvait libre, la route de Rome était ouverte, la contrée toute entière respirait. Immédiatement après, comme si cette expulsion inopinée eût donné le signal d'une évacuation générale, la puissance des Sarrasins commença à décroître de tous côtés, en Savoie, en Dauphiné, en Provence, et bientôt ils disparurent.

Il restait à consolider ce triomphe inespéré par le réta-

---

1. Richard de la Val-d'Isère, ch. I.
2. *Gallia Christiana*, XII, 810.

blissement d'un *hospitium*. Mais Bernard ne voulut pas se contenter de restaurer l'ancien état de choses. Les besoins avaient grandi ; le nombre des fidèles se rendant à Rome augmentait journellement; de nouveaux envahisseurs pouvaient se présenter un jour. Il fallait occuper plus solidement le sommet de la montagne, y ménager aux voyageurs un asile plus vaste et plus sûr. L'antique hospitalité chrétienne ne pouvait trouver une plus belle occasion de s'exercer, ni l'institut monastique une œuvre plus digne de son dévouement. Ce fut donc un monastère que le vieux mont de Jupiter vit, pour la première fois, s'élever sur son aride sommet. Il fut placé sous la règle de saint Augustin, sous le vocable de Notre-Dame et de saint Nicolas, et trouva aussitôt des desservants. La construction fut entreprise sans retard ; mais, à une pareille altitude, la difficulté des transports devait rendre la tâche bien lourde et bien longue. Pour en hâter l'achèvement, l'on résolut de faire appel à la générosité de tous les riches pèlerins passant par le Mont-Joux ; l'usage de cette quête subsistait même encore au moment de la rédaction de notre Mystère. Richard de la Val-d'Isère cite, entre autres, un seigneur anglais, nommé Richelme, qui, étant venu, avec l'humeur voyageuse de sa race, visiter l'établissement naissant, fut émerveillé de la fondation du pieux archidiacre et donna au couvent un château en Angleterre, appelé le Château Cornut. On ajoute que ce dernier devint lui-même un monastère, lequel dépendit du Grand-Saint-Bernard jusqu'au schisme d'Henri VIII, et fut transformé plus tard en prison d'Etat. Richelme se serait ensuite fait chanoine régulier au Mont-Joux [1]. Les parents de Bernard, lorsqu'ils eurent appris les merveilleux succès de leur fils, vinrent le trouver à leur tour ; il dut se passer entre eux d'émouvantes scènes de reconnaissance, et finalement une bonne partie de leurs biens, ainsi que du patrimoine des seigneurs de Beaufort, fut également consacrée à l'œuvre d'hospitalité dont bénéficiait tout le pays. Le monastère comprit une église et un vaste bâtiment pour loger et héberger les voyageurs. Deux édifices ayant une destination

---

1. Voy. ci-après, p. 186, note 2.

analogue, mais moins importants, s'élevèrent presque en même temps sur la montagne qui devait prendre le nom de Petit-Saint-Bernard. On a cru reconnaître les restes de ces constructions primitives dans les ruines du moyen âge qui se voient aujourd'hui à côté de l'hospice actuel [1]. Quant à celui du Mont-Joux, il s'élevait au point culminant du col, à huit minutes au nord-est de l'ancien temple païen; il a été complètement rebâti au XVIe siècle, et sa chapelle a été refaite encore plus tard, vers 1680. Telle est l'origine d'une fondation célèbre entre toutes, et qui, encore aujourd'hui, rend les plus grands services aux voyageurs.

Le Mystère suivant saint Bernard jusqu'au moment de sa mort, et même au-delà, je dois ajouter sur la fin de sa vie quelques renseignements sommaires, empruntés à la même source. L'archidiacre d'Aoste partagea ensuite son temps entre ses fonctions officielles et la direction de ses deux monastères. Mais, pour assurer la prospérité et la durée de son œuvre, il entreprit une longue mission en Lombardie, où il passa plusieurs années à prêcher la foi et à quêter pour les besoins des hospices créés par lui. Il séjourna surtout au couvent de Saint-Laurent de Novare, d'où sa réputation et celle de ses hardies entreprises se répandit dans toute cette partie de l'Italie. C'est là que la mort vint le trouver, à un âge très avancé, le 15 juin 1008, suivant Richard de la Val-d'Isère, c'est-à-dire dans sa quatre-vingt-cinquième ou quatre-vingt-sixième année. Il mourut en odeur de sainteté, et, bien qu'il ne dût être officiellement proclamé bienheureux qu'en 1123, par l'évêque de Novare, l'éclat de ses vertus fit aussitôt vénérer son nom dans toute la contrée. De plusieurs côtés à la fois, la piété des fidèles érigea en son honneur des autels ou des sanctuaires. La statistique de ces fondations nous montre que son culte se répandit principalement dans les diocèses de Novare, de Moutiers, de Genève ou d'Annecy, de Sion et d'Aoste.

Plusieurs miracles, et surtout des guérisons merveilleuses, ont été attribués à l'intervention de saint Bernard de Menthon, soit au moment de sa mort, soit plus tard. Ils ont été

---

1. Ducis, *op. cit.*, p. 22.

rapportés (les plus anciens, du moins) par un auteur anonyme, appartenant probablement au monastère de Saint-Laurent de Novare, et qui a écrit, au XIIIe ou XIVe siècle, une nouvelle vie du saint [1]. C'est dans cette dernière, et non plus dans Richard, que l'auteur du Mystère a dû aller chercher le récit des derniers jours de son héros, celui de sa mort et de ses prodiges posthumes, parce que c'est la ville de Novare qui en fut le théâtre et qui eut le privilège de conserver son corps. En effet, bien qu'il paraisse avoir légué par écrit une portion de ses ossements à l'église d'Aoste et une autre au monastère du Mont-Joux [2], le couvent où il mourut en garda toujours la partie principale, et même la presque totalité. En 1552 seulement, le cloître de Saint-Laurent ayant été démoli pour la construction des remparts de la ville, les restes du héros du Mont-Joux furent transportés, d'après Charles de la Basilique, un de ses biographes, à la bibliothèque de la cathédrale, puis sous le maître-autel de la même église. Lorsque l'on ouvrit sa châsse, on y trouva une inscription ainsi conçue : « Reliques de saint Bernard, que l'abbé Rufin et les religieux du couvent ont déposées ici, *parce que les chanoines du Mont-Joux et d'autres ecclésiastiques ne cessaient de les réclamer* [3]. » Ces mots éclairent tout un passage de notre Mystère, dont l'auteur revendique avec énergie les reliques de l'archidiacre d'Aoste [4] et trahit par là, comme nous le verrons tout à l'heure, sa véritable qualité. Mais, en dépit de leurs réclamations, les chanoines du Grand-Saint-Bernard, qui étaient cependant les enfants et les héritiers naturels de leur fondateur, n'obtinrent jamais qu'une petite parcelle de son chef, et quelques autres fractions d'ossements délivrées de nos jours; ce qui ne les empêcha pas de se vanter de posséder sa tête entière, version accueillie depuis par plusieurs écrivains. L'abbaye de Saint-Maurice en Valais, l'hospice du Simplon, la chapelle du château de Menthon, deux ou trois autres sanctuaires publics ou privés ont reçu exceptionnellement

---

1. Voy. *Acta Sanct. junii,* II, 1082.
2. Richard de la Val-d'Isère, ch. II.
3. *Vie de Saint Bernard de Menthon,* citée plus haut, p. 157.
4. Vers 4315 et suiv.

des faveurs semblables. Toutefois on ne peut dire que le testament du saint ait été, sur ce point, loyalement exécuté. Les églises du moyen âge étaient tellement jalouses des reliques qu'elles possédaient, et de celles qu'elles ne possédaient point, que souvent tous les moyens leur étaient bons pour se procurer ces trésors.

Tel est l'ensemble des faits sur lesquels repose notre Mystère et qui en forment le canevas. Il nous faut maintenant examiner en elle-même cette intéressante composition.

II

LE MYSTÈRE

Le Mystère de saint Bernard de Menthon est demeuré jusqu'à présent inédit, et même à peu près inconnu, car la notice que je lui ai consacrée autrefois dans la *Revue du Monde catholique* et la mention qu'en a faite, d'après cette simple analyse, M. Petit de Julleville [1], en constituent toute la bibliographie; et je me reprocherais même d'en avoir trop longtemps gardé pour moi la découverte, si des circonstances indépendantes de ma volonté, mais fort indifférentes au lecteur, ne m'y avaient forcé.

C'est vers le milieu du xv⁰ siècle qu'un des dévots admirateurs de l'apôtre des Alpes, comme on l'a surnommé, entreprit de revêtir de la forme dramatique le récit de ses principales actions. J'en avais d'abord fait remonter la composition à la fin du xiv⁰; mais la longueur du poème (il ne comprend cependant que deux journées et un peu plus de quatre mille vers), la complication de la mise en scène, le style, le caractère général de l'œuvre ont donné lieu de penser à M. Petit de Juleville qu'il appartenait au troisième âge des Mystères, c'est-à-dire à celui de leur

---

[1]. *Hist. du théâtre en France*, II, 488.

plein épanouissement et de leur plus grande vogue, qui est le xve siècle, et j'avoue que, pour ma part, je n'ai à me faire aucune violence pour me ranger à cette opinion.

Il serait plus difficile de découvrir le nom de l'auteur, le seul endroit du texte qui pouvait nous le révéler, c'est-à-dire le début, étant complètement perdu, et le reste de l'ouvrage ne contenant aucun indice sur ce point. Mais il n'est pas impossible d'établir la qualité du dramaturge ni le lieu où il vivait. Il appartenait très probablement au clergé, et plus spécialement au couvent du Grand-Saint-Bernard. On trouvera la preuve de la première partie de cette proposition dans le ton et l'esprit général de l'œuvre : ainsi, lorsque le poète fait parler les bourgeois de la ville d'Aoste, il leur prête un langage convenant mieux à des hommes d'église qu'aux membres des orgueilleuses communes du moyen âge, et répondant moins à leur attitude ordinaire qu'aux sentiments souhaités chez eux par les clercs. Quant au second point, il ressort également de plus d'un passage. Il me suffira d'invoquer ici le plus significatif, celui où le Meneur du jeu, en terminant la représentation, adresse aux spectateurs ce que l'on appellerait aujourd'hui, en style de théâtre, une réclame bien sentie et un appel à la générosité des spectateurs. Au panégyrique de son héros, il ajoute :

> Saint Bernard preu de bien *nous fit;*
> Pour luy devons bien feyre feste...
> Pour ce, debvés biem, bonne gens,
> Auctorisier et honnorer
> Tel seigneur, et aussy donner
> Largement en *celle mayson,*
> Ou le peuple az refection...
> Peut ung mieulx ses biens emploier
> Que les donner a foy aydier,
> A mantenir telle despense ?
> Je vous prie que chescun y pense.
> Pour ly aydier et besongnier,
> *Nous ne volons* rien espargnier [1].

Et, un peu plus loin, nous lisons :

> N'es-ce pas a trestout grant faulte

---

1. Vers 4252 et suiv. Cf. le vers 3719.

> De laissier personne tan haulte,
> Je dy son corps, *en terre estrange*?
> Au jour de huy, chescum prent grant painne
> D'avoir le meillieurs benefice;
> Mays il n'è nulz qui soit propice
> De pourchassié d'avoir le corps
> De sainct Bernard, *qui est dehors*
> *Le païs,* en la Lombardie,
> A Novare, où fenist sa vie [1].

A côté d'un trait amer contre certains confrères ambitieux, que l'on retrouve à chaque instant dans la bouche des clercs de l'époque, on recueille ici l'écho très reconnaissable des réclamations incessantes dont les chanoines du Mont-Joux poursuivaient le monastère de Saint-Laurent de Novare, afin de rentrer en possession du corps de leur fondateur [2]. Quels autres qu'eux pouvaient exciter les populations et le clergé à revendiquer une relique dont le dépôt leur revenait de droit et de par le testament du saint? Notre Mystère est donc originaire du Grand-Saint-Bernard, et, d'après les mêmes passages, comme d'après divers autres indices, c'est aussi là qu'il a dû être représenté, une ou plusieurs fois. A la fête de l'apôtre et du patron de la montagne, qui tombait le 15 juin, c'est-à-dire après la fonte des dernières neiges de l'hiver, au moment où la vie renaissait avec la belle saison, où les chemins devenaient plus praticables et l'ascension moins dangereuse, les habitants des vallées voisines venaient célébrer avec les moines la mémoire de celui qui avait délivré leurs pères d'un joug odieux. Là, ils trouvaient la réfection du corps et de l'esprit; on leur offrait des réjouissances variées, et certainement le « jeu de saint Bernard » devait faire partie du programme : en plus d'un endroit, le texte indique que la représentation se donnait devant les « bonnes gens » de la contrée. Ainsi, clérical par son origine, ce drame sacré était éminemment populaire par sa destination.

Non seulement l'auteur était un des religieux du Mont-Joux, mais c'était aussi un enfant du pays : la langue dont

---

[1]. Vers 4315 et suiv.
[2]. Voy. ci-dessus, page xv.

il s'est servi est, en effet, l'idiome littéraire de la Savoie, du Valais et du Val-d'Aoste. C'est du français quelque peu mitigé par l'introduction de certains mots ou de certains tours de phrase appartenant au dialecte local, qui paraît n'avoir jamais été employé comme langue écrite. Il résulte de là que les habitants de cette région, tout en parlant un patois particulier, comprenaient également le français pur, puisque l'ouvrage a été composé pour eux.

Le Mystère est écrit, suivant la coutume, en vers octosyllabiques, sauf certaines invocations de saint Bernard ou de saint Nicolas, qui sont versifiées sur un mode différent, en strophes lyriques à vers de cinq syllabes. Excepté dans ces dernières, les rimes se suivent sans entrecroisements.

Le style est rarement élevé, souvent trivial ou familier, quelquefois énergique et pittoresque. De loin en loin, des traits heureux sillonnent comme des éclairs la nuée des banalités : ce sont principalement des saillies, des réparties vives ou plaisantes. Ainsi, lorsque Bernard, au moment de s'en aller en Lombardie, fait ses adieux à l'évêque d'Aoste :
« Dieu vous bénisse, lui dit celui-ci,

> Et vous dont bien parler lombar [1]. »

Après la mort du saint, un aveugle s'approche du corps avec un valet chargé de diriger ses pas. Il obtient sa guérison ; aussitôt le valet de lui réclamer ses gages, car il perd son emploi. « Mais, répond le maître,

> Mon amy, jamais ne te vy
> Jusques or : ne sçay qui tu es [2]. »

Il s'ensuit une dispute destinée à égayer la fin du spectacle. Les bouffonneries du fou, qui ont le même but et qui sont à peu près les mêmes dans tous les Mystères du temps, n'ont pas été omises par notre dramaturge ; mais, malgré sa réserve relative, on a peine à se figurer que les grossières plaisanteries auxquelles il donne l'hospitalité dans ses vers pussent trouver place à côté des exhortations pieuses et des oraisons funèbres.

---

1. Vers 3565.
2. Vers 4137-38.

C'est dans la composition dramatique, plutôt que dans le style proprement dit, que se révèlent son talent et sa fécondité. L'art d'enchaîner les péripéties et d'amener les effets ne lui est nullement inconnu. Ses caractères ont de l'unité. Quelques-uns de ses tableaux sont de véritables peintures de mœurs, par exemple les négociations et les préparatifs du mariage ; et ses scènes d'auberge rappellent les toiles naturalistes des vieux maîtres flamands. L'action ne traîne pas un instant : avec une rapidité merveilleuse, il nous transporte de château en château, sur les grands chemins, au chapitre d'Aoste, au Mont-Joux, à Novare, au paradis, en enfer, puis en repart un moment après; et cette incessante variété, qui est encore un art, nous montre que la mise en scène et le plaisir des yeux tenaient dans les spectacles de nos pères une place non moins importante que le dialogue. Notre Mystère contient un certain nombre d'indications relatives à la disposition de la scène ou au jeu des personnages ; il peut, sous ce rapport, fournir plus d'un élément nouveau à l'histoire de notre ancien théâtre national. Mais il est surtout remarquable par le nombre et la facilité des changements à vue : en deux journées, représentant deux actes, le lieu où se passe l'action ne varie pas moins de cinquante-trois fois. J'ai relevé avec soin toutes ces transformations, et, pour rendre la lecture plus commode, j'ai divisé le texte en autant de scènes, en marquant d'une façon précise le théâtre de chacune d'elles.

Les éléments de ces nombreux tableaux sont puisés, tantôt dans la légende du saint, tantôt dans l'imagination du dramaturge. Les monuments écrits où ce dernier a puisé sont : 1º la biographie contemporaine de son héros, par Richard de la Val-d'Isère, dont il a été parlé; 2º le récit anonyme composé par un religieux de Novare, mentionné également ci-dessus ; 3º une séquence d'où ce récit est en partie tiré et que les Bollandistes ont reproduite. Pour la principale période de la vie de Bernard, pour sa jeunesse, son mariage, sa fuite, son expédition au Mont-Joux, ses fondations, il a suivi pas à pas le premier de ces guides; quelquefois même il s'est contenté de traduire littéralement son texte. J'ai cité en note les passages qu'il a spécialement paraphrasés. Pour la fin, c'est-à-dire pour le séjour du saint en Lombardie, ses derniers moments, sa mort, ses miracles, il a utilisé en partie les deux derniers documents ou les récits qui les reproduisaient.

Peut-être s'est-il encore servi d'une ancienne légende française, dont un exemplaire manuscrit, malheureusement incomplet, se conserve au château de Menthon, où j'ai pu récemment, grâce à la rare obligeance de M. le comte Bernard de Menthon, en prendre copie. Cette légende inédite, à en juger par le langage et l'écriture, paraît remonter un peu plus haut que le Mystère. Incorrecte et confuse dans la forme, elle suit elle-même, pour le fond, le texte latin de Richard ou celui de l'anonyme de Novare, qu'elle ne fait par moments que traduire, et se termine par cette espèce d'*explicit* :

> O vous qui cest romans lirés,
> Ung *Ave, Maria* dirés,
> Si bien vous plet, pour le faiseur
> De cest romant, pour sa labeur,
> Qui reng à Dieu grace et merchy
> Qu'à ce faire m'a dirigi.

D'après les rapports frappants qu'on observe entre l'idiome, la versification, l'esprit général de ce récit rimé et ceux de l'œuvre dramatique que je publie aujourd'hui, il est probable que tous deux ont la même origine, sinon tout à fait le même âge. D'autres passages de la légende trahissent, du reste, une plume ecclésiastique, appartenant sans doute aussi au monastère du Grand-Saint-Bernard :

> Nous de venerable Bernard
> De vous escrire une part
> De ses fais, comme avés veü
> Desus, non de nostre vertu
> Ne aussy par presumption,
> Ne par faconde Ciceron,
> Ne d'aultres rethoriciens
> Nous confians, ne d'argumens
> De philosophes informés,
> Nous parforchons, mais par rousée
> De Celuy qui tout peult donner...
> Vous donques, messigneurs et freres...

> Non pas en celle region
> Seulement, mais tout environ
> Toutes les faims repaisoit; *etc*

Toutefois il serait difficile de reconnaître si les similitudes en question proviennent d'emprunts faits par l'un des deux poètes à l'ouvrage de l'autre, ou simplement de l'identité des sources latines auxquelles ils ont successivement puisé.

En tout cas, on ne saurait refuser à l'auteur du Mystère une part personnelle assez considérable dans l'invention et la composition de son drame. A lui seul nous devons les traits de mœurs qui font revivre à nos yeux la société savoisienne du xve siècle, et une quantité de détails curieux qu'on chercherait vainement dans le texte latin. Il a introduit la vie dans son sujet. Parmi les incidents et les enjolivements dont il l'a enrichi et qui sont incontestablement sortis de son imagination, il faut au moins citer les suivants : la convocation du conseil de famille; la réception des sires de Duingt et de Beaufort, avec les libations qui l'accompagnent; la délibération solennelle et le choix de la fiancée (une scène qui est un bijou); la demande en mariage, avec la réponse des dames et du père, et l'offre du présent de fiançailles; les préparatifs de la noce et les invitations; le duel déclaré par le sire de Miolan et empêché par l'attitude touchante de la jeune fille; l'arrivée des pèlerins français à l'auberge de Saint-Pierre, leur repas et leur conversation avec l'hôte; les propos furieux des diables autour de la statue de Jupiter; les résolutions du conseil céleste; l'assemblée du chapitre d'Aoste et le vote des chanoines pour l'admission de Bernard, puis pour l'élection d'un nouvel archidiacre; la réunion des *citoyens* de la ville d'Aoste, à la voix du crieur public; les instructions et devis pour l'établissement des hospices; l'embauchage des ouvriers; la prise d'habit des premiers moines du Mont-Joux; la plaisante scène qui suit la guérison de l'aveugle, etc., etc.

III

LE MANUSCRIT

Il n'existe, à ma connaissance, qu'un seul manuscrit du Mystère de saint Bernard de Menthon; il importait donc doublement de le sauver de l'oubli, et ce qui en rendait l'impression plus désirable encore, c'est que cet unique manuscrit n'appartient pas à un dépôt public. Il fait partie des archives de la famille, et c'est à la bienveillance de M. le comte Alexandre de Menthon, décédé depuis, que je dois le privilège d'en avoir eu communication. Mais il serait difficile de savoir depuis combien de temps ces archives le possèdent et d'où il leur est venu. Peut-être quelqu'un des ancêtres du propriétaire, après avoir assisté à la représentation du Mystère, aura-t-il voulu en garder une copie; peut-être les chanoines du Saint-Bernard auront-ils remis un exemplaire aux petits-neveux de leur fondateur, en témoignage de leur reconnaissance. Quoi qu'il en soit, le manuscrit date du xve siècle. S'il est postérieur à la composition du Mystère, ce ne peut être que d'un très petit nombre d'années.

Il est écrit sur un papier vergé très fort, dont les vergeures sont verticales et peu visibles, les filigranes variés, se rapprochant généralement du dessin d'une étoile, et le format équivalent à peu près à celui de l'in-octavo carré (22 centimètres sur 15). Il y avait, en effet, assez longtemps que le papier s'était répandu dans la région alpestre, à l'époque où fut transcrit ce curieux ouvrage : les archives de Savoie contiennent des documents écrits sur cette matière depuis l'an 1390 au moins. Le volume est protégé par une couverture en parchemin, sur laquelle on lit, en caractères du xviiie siècle : « *677. Partie du livre manuscript de la vie de S. Bernard de Menthon.* » Le commencement du Mystère fait en réalité défaut; mais cette lacune paraît être peu considérable. Les cahiers dont se compose le manuscrit, au nombre de huit, renferment chacun douze feuillets, sauf le dernier, qui n'en a que dix; mais quelques pages ont été arrachées, en tout ou en partie. Ces cahiers sont reliés entre eux par des *réclames* tracées verticalement sur le dernier verso, à l'angle inférieur de droite. Le premier seul est rattaché au second par une *signature* horizontale ainsi conçue : *Primus codex*. Les feuillets ont été numérotés en chiffres arabes, mais plus récemment et non sans quelque inexactitude. On ne remarque ni réglure, ni accentuation, ni ponctuation d'aucune espèce ; les *i* sont eux-mêmes assez rarement pointés. Les mots ne sont pas toujours séparés, et ne le sont que par de très petits intervalles ; en revanche, ils sont fort souvent abrégés : on dirait que le scribe a voulu économiser la place de toutes les façons. Il n'y a pas trace non plus de lettres ornées ou tracées au minium. Les vers sont alignés avec soin, mais sans vedettes ; des initiales plus fortes distinguent seulement le commencement des alinéas. En somme, l'exécution de ce manuscrit, quoique régulière, est d'une grande simplicité.

Il est évident que cet exemplaire n'est point l'original. Certaines incorrections, certaines interversions de mots, de rimes, voire même de vers entiers, l'indiquent surabondamment : nous n'avons là que l'œuvre d'un copiste, et d'un copiste assez sujet aux distractions. Cet écrivain était assurément du pays, et peut-être appartenait-il, comme l'auteur même du Mystère, au monastère du Grand Saint-Bernard. Sous sa plume, la forme ou l'orthographe des mots a pu se modifier de temps en temps, mais sans perdre la saveur de terroir qui caractérise la langue du dramaturge. Il s'est même permis de rajeunir ou de remplacer par des équivalents certains termes qui lui semblaient obscurs ou démodés, au risque de détruire complètement la mesure et la rime, et très probablement la plupart des fautes de versification contenues dans le manuscrit sont imputables à sa façon assez libre de reproduire son modèle.

Quoiqu'il en soit, j'ai introduit dans le texte les corrections qui m'ont paru clairement indiquées ; celles qui n'étaient que vraisemblables ont été proposées en note. Quant aux mots qui demandaient à être interprétés ou signalés, je les ai groupés dans un petit glossaire. Mais, en l'absence de termes de comparaison suffisants, il m'était difficile d'entreprendre fructueusement une étude philologique plus approfondie.

SOMMAIRE

PREMIÈRE JOURNÉE

I. *Au château de Menthon.* — Richard, seigneur de Menthon, annonce à son fils Bernard qu'il veut le marier. Celui-ci avoue qu'il avait l'intention d'entrer dans les ordres ; mais, sur l'injonction de son père, il se soumet. Richard fait mander le sire de Beaufort, son cousin, qui est le parrain de Bernard, et le sire de Duingt, son beau-frère, pour tenir un conseil de famille et choisir une épouse à son fils. (Vers 1-69.)

II. *Au château de Beaufort.* — Le messager du seigneur de Menthon invite le sire de Beaufort, de la part de son maître, à se rendre à Menthon. (70-104.)

III. *Au château de Duingt.* — Le messager s'acquitte de la même commission auprès du sire de Duingt. (105-129.)

IV. *Sur la route de Menthon.* — Les seigneurs de Duingt et de Beaufort se rejoignent sur le chemin et se dirigent ensemble vers Menthon. (130-157.)

V. *Au château de Menthon.* — Richard, sa femme et son fils accueillent avec empressement leurs parents. On fait collation. Le châtelain expose l'objet de cette réunion. Sur la proposition de la mère, le choix de la famille s'arrête sur Marguerite, fille du seigneur de Miolan. Les sires de Beaufort et de Duingt sont chargés d'aller demander la main de la jeune héritière ; Bernard revêt un costume élégant et part avec eux. (158-365.)

VI. *Sur la route de Miolan.* — Bernard laisse aller la compagnie devant, afin de prier Dieu et d'implorer son secours. — Monologue du fou. (366-416.)

VII. *Au château de Miolan.* — Les voyageurs sont reçus à bras ouverts par le sire de Miolan, sa femme et sa fille. Les seigneurs de Duingt et de Beaufort expliquent au premier le but de leur visite. Les dames sont consultées, et, sur leur réponse favorable, la demande est agréée sur-le-champ. On convient de la dot et de l'époque du mariage ; Bernard offre à sa fiancée le présent symbolique d'usage, et l'on fait collation, au bruit des accords des ménétriers. (471-616.)

VIII. *Sur la route de Menthon*. — Bernard s'en revient avec son oncle et son parrain, et les prie de remonter avec lui jusqu'à Menthon. (617-636.)

IX. *Au château de Menthon*. — Les deux seigneurs annoncent au père que le mariage de son fils est décidé. Grande joie dans toute la maison. Bernard se retire soucieux, tandis que chacun commente sa singulière attitude. — Monologue du fou. (637-729.)

X. *L'oratoire de Bernard*. — Bernard prie Dieu, la Sainte Vierge et saint Nicolas de le tirer de l'embarras où il se trouve et de faire en sorte qu'il puisse suivre sa vocation. (730-778.)

XI. *Au Bourg Saint-Pierre, au pied du Mont-Joux*. — Dix pèlerins de France, se rendant à Rome, entrent à l'auberge du Bourg Saint-Pierre pour prendre des forces avant d'affronter le redoutable passage du Mont-Joux. Ils boivent et mangent, payent leur écot, non sans marchander quelque peu, et entreprennent, tremblants, l'ascension de la montagne. (779-876.)

XII. *Au sommet du Mont-Joux*. — Jupiter et les diables qui l'entourent font rage et guettent les voyageurs pour prélever sur eux la dîme. Au moment où les pèlerins français arrivent, ils se jettent sur leur troupe, saisissent le dixième et le massacrent. (877-972.)

XIII. *A Saint-Remi, derrière le Mont-Joux*. — Les survivants, dispersés par la frayeur, se retrouvent sur l'autre versant de la montagne, entrent à l'auberge de Saint-Remi et, tout en mangeant, questionnent l'hôtelier sur la nature du péril auquel ils viennent d'échapper. Il leur conte la légende du Mont-Joux et consent, pour les rassurer, à les acpagner jusqu'à la cité d'Aoste. (973-1086.)

XIV. *En la ville d'Aoste*. — Les pèlerins vont trouver l'évêque du lieu, l'instruisent de l'accident et le supplient d'entreprendre la destruction des êtres malfaisants qui infestent le Mont-Joux. Le prélat engage son archidiacre à s'occuper de l'affaire. Celui-ci allègue son grand âge ; il demande que le clergé et le peuple soient convoqués. (1087-1224.)

XV. *L'oratoire de l'archidiacre.* — Prière ardente de l'archidiacre, afin d'obtenir le secours du ciel. Notre-Dame intercède auprès de son Fils : Dieu lui promet de délivrer le Val d'Aoste, et l'ange Gabriel vient de sa part annoncer à l'archidiacre l'arrivée d'un libérateur. (1225-1346.)

XVI. *Au château de Miolan.* — Préparatifs de la noce. Le sire de Miolan fait inviter toute la noblesse de Savoie, décorer les appartements, tuer du gibier. (1347-1398.)

XVII. *Au château de Menthon.* — Le seigneur de Menthon envoie, de son côté, des lettres d'invitation, donne l'ordre d'aller faire des provisions à Genève et devise avec son cuisinier. Bernard, invité à s'occuper de son habillement et à faire bon visage, proteste timidement : son père l'envoie dormir. — Monologue du fou. (1399-1529.)

XVIII. *La chambre de Bernard.* — Le fiancé malgré lui tombe à genoux, invoque de nouveau la Sainte Vierge et saint Nicolas ; puis il écrit une lettre d'adieu à ses parents, et s'enfuit à la faveur de la nuit. (1530-1602.)

XIX. *A la porte d'Aoste.* — Bernard, parvenu aux portes d'Aoste, se fait renseigner par un artisan, aborde l'archidiacre, prévenu de son arrivée par saint Nicolas, et, après avoir vainement essayé de lui cacher son rang, accepte la proposition qu'il lui fait de l'admettre immédiatement dans le clergé de la cité. (1603-1697.)

XX. *A l'évêché d'Aoste.* — L'archidiacre présente Bernard à l'évêque, qui l'accueille avec joie et consent à le faire élire chanoine. Le chapitre est convoqué. (1698-1743.)

XXI. *En chapitre.* — Une prébende étant vacante, l'évêque et l'archidiacre proposent de la conférer au jeune gentilhomme. Les chanoines émettent leur avis l'un après l'autre, et finalement votent pour Bernard, qui, séance tenante, reçoit l'habit. (1744-1842.)

XXII. *Intermède.* — Le Meneur du jeu annonce la clôture de la première journée et le programme de la seconde. Le fou bavarde pendant que la foule des spectateurs s'écoule. (1843-1874.)

DEUXIÈME JOURNÉE

I. *Prologue*. — Le meneur du jeu explique aux assistants ce qu'ils vont voir. (1875-1898.)

II. *Au château de Menthon*. — Le jour solennel se lève ; le maître d'hôtel fait commencer la fête et donner une aubade au jeune époux, afin de le réveiller. (1899-1935.)

III. *La chambre de Bernard*. — On découvre tout à coup que Bernard n'est plus là. Inquiétude du père, qui s'en prend au précepteur. La lettre tombe sous leurs yeux : désespoir de toute la famille; lamentations de la mère, qu'on cherche en vain à consoler. La fatale nouvelle est transmise aussitôt à Miolan. (1936-2065.)

IV. *Au château de Miolan*. — Aux premiers mots du messager, le sire de Miolan s'emporte et fait défier le sire de Menthon à feu et à sang. Marguerite essaye de calmer ses parents et excuse son fiancé. (2066-2149.)

V. *Au château de Menthon*. — Richard de Menthon reçoit le défi et fait dire au provocateur qu'il est encore plus courroucé que lui. Il lui envoie la lettre de Bernard et récompense le messager. (2150-2181.)

VI. *Au château de Miolan*. — Le sire de Miolan se fait lire la lettre. Marguerite lui déclare qu'à l'exemple de son fiancé elle veut se consacrer au service de Dieu. Après avoir insisté auprès de ses parents, elle obtient leur consentement et fait ses adieux au monde, en priant que l'on ne se batte pas à cause d'elle. (2182-2293.)

VII. *Au chapitre d'Aoste*. — L'archidiacre, vieux et malade, annonce l'intention de céder son office à Bernard. Malgré les instances du chapitre, il se retire. (2294-2359.)

VIII. *Au logis de l'archidiacre*. — Il tombe très gravement malade. Bernard l'assiste et reçoit son dernier soupir; puis il adresse au ciel une prière pour le repos de son âme. (2360-2430.)

IX. *Au chapitre*. — Election d'un nouvel archidiacre. Bernard, désigné par le défunt pour son successeur, résiste néanmoins aux offres qu'on lui fait. Les chanoines implorent les lumières du Saint-Esprit. Aussitôt Dieu envoie saint Michel intimer au candidat l'ordre d'accepter. Bernard est proclamé ; il reçoit les insignes de sa nouvelle dignité. (2431-2557.)

X. *A la cathédrale d'Aoste*. — Les pèlerins de France, revenant du tombeau des Apôtres, s'arrêtent pour rappeler à l'évêque d'Aoste la prière qu'ils lui avaient faite de purger le Mont-Joux des ennemis de la chrétienté. (2558-2590.)

XI. *Au chapitre*. — L'évêque saisit le chapitre de la question. Bernard propose de faire d'abord mettre en prières toute la population ; son avis est adopté. (2591-2614.)

XII. *Sur la place publique d'Aoste*. — Les habitants sont invités par le crieur à se rendre le lendemain matin à l'église. Ils s'encouragent mutuellement à répondre à cet appel. (2615-2640.)

XIII. *Dans la cathédrale*. — Bernard, prosterné, supplie le Seigneur de l'assister dans l'œuvre de la délivrance du pays. Il s'adresse particulièrement à Notre-Dame, qui obtient pour lui la protection de son Fils ; saint Nicolas en informe le jeune archidiacre et lui donne des instructions sur la marche à suivre. Puis, les habitants et les pèlerins étant assemblés dans l'église, Bernard leur fait part de la résolution qu'il a prise de monter au sommet du Mont-Joux, de renverser l'idole et de chasser tous ses adorateurs. La procession se forme pour l'accompagner. (2641-2866.)

XIV. *Au pied du Mont-Joux*. — Bernard renvoie l'évêque et la procession. Il gravit la montagne, accompagné seulement des pèlerins. (2867-2886.)

XV. *Au sommet du Mont-Joux*. — Jupiter et les diables s'excitent mutuellement. La petite troupe s'avance, et Bernard marche le dixième. Jupiter commande aux siens de le saisir ; mais il est lui-même conjuré, enchaîné, précipité dans l'abîme de Mont-Malet, avec tous ses diables. Actions de grâces de l'archidiacre. Saint Nicolas lui commande d'aller renverser de même la Colonne-Joux. (2887-3079.)

XVI. *Au Petit Saint-Bernard*. — En un clin d'œil, Bernard jette bas la colonne de Jupiter. (3080-3087.)

XVII. *Au Mont-Joux*. — Notre-Dame vient réconforter le champion du Christ ; elle lui donne ses instructions pour la fondation du monastère et de l'hospice. Il rend grâces à la Vierge et promet de lui dédier ces pieux établissements. (3088-3169.)

XVIII. *A Saint-Remi.* — Le clerc de l'archidiacre monte à la recherche de son maître, avec l'hôtelier de Saint-Remi. (3170-3179.)

XIX. *Au Mont-Joux.* — Bernard leur apprend sa victoire et envoie l'hôtelier lui chercher des ouvriers pour construire son hospice. (3180-3205.)

XX. *A Saint-Remi ou dans la ville d'Aoste.* — L'hôtelier embauche des maçons et des charpentiers, après leur avoir garanti la sécurité de la montagne. (3206-3233.)

XXI. *Au Mont-Joux.* — Bernard fait son devis avec les entrepreneurs pour un hospice et une église. (3234-3258.)

XXII. *Au Bourg Saint-Pierre.* — Une troupe de jeunes clercs s'apprêtent à franchir le Mont-Joux. L'hôtelier de Saint-Pierre les héberge, les rassure et les engage à s'adresser au saint homme qu'ils trouveront sur la montagne. (3259-3302.)

XXIII. *Au Mont-Joux.* — Ils demandent à Bernard leur chemin. Il leur explique son projet et les retient avec lui pour former le premier noyau de son monastère. (3303-3384.)

XXIV. *A l'évêché d'Aoste.* — Saint Michel archange apprend à l'évêque le succès de l'entreprise de son archidiacre. Le prélat se dispose à l'aller chercher à la tête d'une procession solennelle. (3385-3408.)

XXV. *Au Mont-Joux.* — Bernard donne ses instructions à ses religieux. L'évêque arrive et le félicite. On entonne le *Te Deum.* L'archidiacre adresse aux fidèles un sermon, dans lequel il fait l'historique de l'occupation du Mont-Joux par Jupiter, les démons et les païens, annonce la délivrance du pays, la fondation d'un monastère et d'un hospice sur l'emplacement de l'ancienne idole, ainsi que sur celui de la colonne détruite (au Petit Saint-Bernard), et les invite à contribuer par leurs dons au prompt achèvement de ces édifices. Lui-même va partir en Lombardie, dans le but de prêcher et de quêter pour son œuvre. L'évêque lui donne sa bénédiction. (3409-3580.

XXVI. *A Novare.* — Accueilli avec honneur au monastère de Saint-Laurent de Novare, Bernard explique au prieur ce qu'il a fait et ce qu'il veut faire. On lui donne une chambre dans le couvent. (3581-3653.)

XXVII. *Au château de Menthon*. — Le messager du seigneur de Menthon raconte à son maître qu'il a entendu parler d'un saint archidiacre qui a fait des merveilles au Mont-Joux et qui se nomme Bernard de Menthon. Richard forme avec sa femme Bernoline le projet d'aller revoir son fils et de contribuer à la fondation du monastère. (3754-3713.)

XXVIII. *Intermède*. — Le Meneur du jeu résume le reste de la légende et annonce que l'on va passer à la fin de la vie de saint Bernard, à sa mort et à ses miracles. (3714-3745.)

XXIX. *A Novare*. — Bernard donne ses soins aux malades et aux infirmes de l'hôpital de Novare; il leur distribue de larges aumônes. (3746-3795.)

XXX. *La cellule de saint Bernard, au couvent de Saint-Laurent*. — L'archidiacre est vieux, affaibli; il annonce qu'il va mourir. On lui offre le secours d'un médecin, qu'il refuse. Les moines s'empressent autour de lui. Il fait son testament. Dieu l'envoie réconforter par saint Nicolas; les anges emportent son âme et la présentent au Seigneur. Les religieux font son éloge funèbre et veillent son corps. Plusieurs malades ou infirmes s'approchent de lui et implorent leur guérison, qu'ils obtiennent. Un aveugle guéri refuse de payer son valet et se querelle avec lui. (3777-4198.)

XXXI. *Conclusion*. — Le Meneur du jeu complète l'histoire du saint, célèbre sa mémoire et recommande à la générosité de l'assistance le monastère du Mont-Joux. (4200-4340)

LE MYSTÈRE
DE
SAINT BERNARD

PREMIÈRE JOURNÉE

I

[Au château de Menthon.]

[Richart, seigneur de Menton [1].]
Bernard, vous este mon enfant;
Croyre poués que voustre honneur
Me touche de bien près au cuer.
C'est toust ung; n'y a dyfferance.
Et aussi firmament je panse 5
Que me croyré quam la viendra[i je].
      Sainct Bernard.
Mon [bel] seignieur, ne vous desplayse

---

[1] *Les premiers vers manquent; ils devaient simplement contenir, après quelques mots de préambule, la proposition de mariage répétée plus bas, de sorte que cette lacune ne peut nuire à l'intelligence du texte.*

Se je demande ung peu de grace :
C'est que me donné ung espace
10 De temps, pour moy bien adviser.
  RICHART, SEIGNIEUR DE MENTON.
Bernard, je vous vueil marié ;
Aussy aure l'ay entrepris.
Je vous donray dame de pris.
Respondé moy vostre couraige.
  SAINCT BERNARD.
15 Mon [bel] seignieur, [aus]sy ferai ge ;
Devant vous diray mon advis,
Au plaisir Dieu de paradix.
Je vous prie que ayés pacience.
  RICHART, SEIGNIEUR DE MENTON.
Par Nostre Dame de Liance [1],
20 Entendre fault a la besognie.
Vostre mere souvant m'ent sognie,
Desyrant qu'ele fust complie.
[Elle] veult que je vous marie,
[Et ne] cesse ne nuy ne jours.
25 [Or re]spondé, sans nul sejours,
Vostre talant et volunté.
  SAINCT BERNARD.
Mon seignieur, j'avoye ententé
En mon cuer tout ung aultre estat.
Ce n'estoit pour avoir debat
30 A vous, que ne doibt courroucier.
Je me vouloye pronuncier
Au service Dieu et l'Eglisse.

---

12 *Ms.* entrepis. — 13 *Ms.* donneray. — 16 *Ms.* deviant. — 22 *Ms.* complir. — 23, 5 *Les mots entre* [ ] *manquent par suite d'une déchirure.* — 27 *Ms.* M. bel s.

1. Notre-Dame de Liesse est le nom d'une église d'Annecy, autrefois très vénérée.

RICHART, SEIGNIEUR DE MENTON.
C'est le docteur[1] que vous a mise
Celle fantasie en la teste.
Bien sçavés, sy vous n'este beste,   35
Que aultre enfant n'ay synon vous seul.
Voulé vous que meure de duel,
Sans hoir, aussy sans successeur ?
SAINCT BERNARD.
Ne vous courrociez, mon seigneur,
Car, par ma foy, toust le contraire.   40
Le docteur az assé affaire
De moy converty a cellas.
LE DOCTEUR.
Par ma foy, seignieur, grant temps az
Que luy ay dist qu'en mariage
Il entraus, pour vostre ligniage   45
Exaussier et vostre hault non.
RICHART, SEIGNIEUR DE MENTON.
Bernard, a la conclussion,
Je veult que soyés marié
Tantost, ou mal lié me feyrés.
Entrepris l'ay de bel present.   50
SAINCT BERNARD.
Ilz me fauldra estre content
De marié, puys que vous plait.
RICHART, SEIGNIEUR DE MENTON.
Menton, chiminez sans arest
A Biaufort[2], querir le seignieur
Bernard, le chevalier d'onneur,   55

---

49 *Ms.* au ma lié.

1. Le docteur est le précepteur du jeune Bernard, saint Germain de Talloires.
2. Beaufort en Tarentaise ou Beaufort-sur-Doron (Savoie), antique seigneurie, aujourd'hui chef-lieu de canton de l'arrondissement d'Albertville.

Mon compere, aussy mon cusim.
Biaulx fils, ilz est vostre parain.
Vous luy dirés que je luy prie
Que veignie a peu de compaignie,
60 Secroytement, cy a Menton.
Puis s'en yrat le compaignion
Par le rives droit a Duÿng [1],
Vers mon frere, que de matin
Ilz soit icy az desjuner [2].

MENTON, MESSAGER.

65 Puis que vous plait de commandé,
Ilz serat fait sans demorance.
Ma botaille et aussy ma lance
Je n'ombleray jour de ma vie.
A Dieu comment la compaignie.

57 Ms. ilz az esté. — 60 sy, ms. cy. — 61 s'en, ms. sams. — 63 Ms. que demain matin.

1. Duingt, sur le lac d'Annecy, juste en face de Menthon. Le sire de Menthon avait épousé Bernoline de Duingt; c'est donc de son beau-frère qu'il s'agit ici.

2. La parenté du sire de Menthon avec les maisons de Duingt et de Beaufort est ainsi établie par la légende de Richard de Val-d'Isère, que l'auteur du *Mystère* a prise pour guide : « *Qui Bernardus Menthonista, per strenuum baronem ordine militari insignitum, Richardum, dominum maximæ baroniæ castrorum et terrarum de Menthone, Gebennensis diœcesis, conceptus fuit in utero legitimæ uxoris suæ, inclitæ Bernolinæ de Duyno, ortæ ex prosapia illustris Oliverii, ex paribus Francorum, olim Genevesiorum comitis... In ipso namque utero inclitæ Bernolinæ præfatus Bernardus sanctificatus et natus fuit, anno Christi nongentesimo vigesimo tertio, et in sacris baptismatis undis baptizatus, tentus in baptismo et levatus per Bernardum militem, dominum Bellifortis, ejus patrinum. Pro quo milite Bernardo, ut consanguineo germano ipsius Richardi patris, qui ambo eodem stipite cognati processerunt, nominatus est Bernardus.* »

(*Acta SS. junii*, II, 1074)

II

[Au château de Beaufort.]

[Menthon, messager.]
Je m'en thyre devers Biaufort : 70
Je voy la le castel bien fort,
Et le seigneur est en la pourte.
Je prie a Dieu que vous conforte,
Mon seigneur, et doint trés bon jour.
    Bernard, seigneur de Biaufort.
Menton, Dieu vous gart de doleur! 75
Que fait mon compere et amy,
Vos maistre?
    Menton, messager.
             Je viens de part luy.
Ilz vous prie trés chierement
Que vous venés incontinent
A Menton; il vous veult parler 80
Et conseil vous veult demandé
D'une matyre bien secroyte.
    Bernard, seigneur de Biaufort.
Menton, faire poués retraite
Divers ly, car le bon matin
Je yroy boyre de son bon vin. 85
Se Dieu plait, ilz n'y aura faulte.
    Menton, messager.
Mon seigneur, je [ne] vous dist aultre.
A Dieu vous commant. De present,

77 *Ms.* Vostre. — 82 D'une, *ms.* De.

Chiminer me fault comment vent
90 Jusque a Duÿng, dessus le lay,
Et la mon messaige ferey.
On me feraz trés bonne chiere.
  BERNARD, SEIGNIEUR DE BIAUFORT.
Je veulz complayre az la priere
De mon compere de Menton,
95 Et ne menray qu'ion compaignion
Avecque moy. Mon escuir,
Pansez de vous appareillier,
Car aler nous fault [la] dehors.
  L'ESCUIR DU SEIGNIEUR DE BIAUFORT.
Je suis toust prest, et ame et corps,
100 Pour [vous] servir honnestement.
Quam vouldrés, ferés partemant;
Mecté vous devant, moy après.
  BERNARD, SEIGNIEUR DE BIAUFORT.
Alons dont, puisque sume prest,
Jusque a Menton, az grant chemin.

III

[Au château de Duingt.]

  MENTON, MESSAGER.
105 Je voy le castel de Duÿng :
C'est une place bien assisse
Dedans l'aygue, faite a devise,

---

90 *Ms.* Jusques. — 95 *Ms.* meneray. — 96 Escuir *pour* escuier, *comme dans la rubrique qui suit.* (*Cf. vers* 201, 337, *etc.*) — 102 *Ms.* d. et moy.

Impregnable, ce m'est advis.
Ilz az grant temps que ne le vis.
110 Celluy Dieu qui toust nous crea,
Mon seigneur, vous dont bonne vie!
LE SEIGNIEUR DE DUYNG.
Je prie Dieu, Menton, qu'i te donne
En ta bourse cent mille escu,
Affin que tu fusses excus
115 De chiminer a tant de painne.
Quel bonne nouvelle t'amainne?
Que fait mon frere de Menton?
MENTON, MESSAGER.
Il est bien joyeulx, le baron,
De son filz qui est arivé,
120 Et vous prie soit vostre gré
Que bon matin le alés trouver.
LE SEIGNIEUR DE DUYNG.
Voluntiers l'yray visité.
Sans nulle faulte je yray,
[Et] bien matin je partiray.
125 Recomande moy bien a luy.
MENTON, MESSAGER.
Ilz sera fait. A Dieu vous dy;
Je m'en tourne divers Menton,
Et luy diray nouvel tres bon,
Dont seront trestout rejoy.

115 a, *ms.* et. — 119 *Ms.* ariver. — 122 *Ms.* visitel.

IV

[Sur la route de Menthon.]

          Le seignieur de Duynt.

130   Ilz me fault party au jour de huy
       Pour en aler divers Menton,
       Devers Richart, le bon baron.
       Cza, nepveulx, venés avec moy.
       Ilz nous fauldra passé le lays.
135   A Menton vuel aller digner,
       Avec mon frere diviser,
       Car ilz m'a huy mandé querir.
         Le nepveulx du seignieur de Duyng.
       Quam [il] vous playra de partir,
       Mon oncle, je suis apresté,
140   Et [je] vous scés aussy bon gré
       Quam ilz vous play que je y voye,
       Car ilz me tarde que je voye
       Mon cusim Bernard, qui y est.
         Le seignieur de Duynt.
       Or y alons, sans plus d'arest,
145   Et chiminons ung peu plus fort.
       Je voy le seignieur de Biaufort
       Que la va : alons devers luy.
       Mon seignieur, mon frere et amy,
       Vous soyés le trés bien venus.
150   Je vous ay bien de loing cognus,

---

133 *Ms.* avesques. — 135 *Ms.* De Menton. — 136 *Ms.* avesques. — 149 *Ms.* soys.

En veniant pour le grand chemin.
   Le seignieur de Biaufort.
Bon jour, mon seignieur de Duyng;
Ne vous cudoye yci trouvé.
   Le seignieur de Duyng.
Ne moy vous. Ou voulez alé?
   Le s^r de Biaufort.
A Menton, devers mon compere.   155
   Le s^r de Duyng.
Aussy je voyie vers mon frere.
Or alons dont par compaignie.

V

[Au château de Menthon.]

Menton, messager, *au seignieur de Menton.*
 Seigneur, Dieu vous dont bonne vie.
 Vous aurés tantost le segnieurs.
   Le seignieur de Menton.
Il m'en est rejoÿ le cuer   160
Quam je voyt venir mes amys.
Il sont cy prest, ce m'è advis;
Il le fault aller festoyer.
Bien veignant, frere et amy chier;
Vous soyés le trés bien venu.   165
   Le seignieur de Biaufort.
Helas! mon seignieur, mecté sus,
Car ce n'est pas aure rayson

---

154 voulez, *ms.* vous. — 156 je, *ms.* ilz. — 162 cy, *ms.* sy.

De traire vostre chappiron.
                LE SEIGNIEUR DE MENTON.
        Bien veignant, [vous aussy], mon frere,
170   Et vous, biau nepveulx; en ma terre
        Vous soyés les trés bien entré.
                LE SEIGNIEUR DE DUYNG.
        Mon biau frere, Dieu soit loué
        Quam je vous voy en sy bon point.
        Et ma seur, cy est elle point?
175   Je la verroye voluntiers.
                LE SEIGNIEUR DE MENTON.
        Bernoline, or vous approchiés;
        Veé cy la fleur de vous amys.
                DAME BERNOLINE.
        Ha! frere, Dieu de paradix
        Si vous ayt tousjours en sa grace!
180   Par ma foy, il az grant espace
        Que ne vous vy en cest ostel.
        Et vous, mon compere, autretel
        Vous estes ceans bien noveaulx.
                LE SEIGNIEUR DE BIAUFORT.
        Ma commere, ou est il, mon biaulx
185   Fillieurs Bernard? Je le voil voir,
        Car on m'a affermé pour voir
        Que c'est ung homme de fasson.
                DAME BERNOLINE.
        Aussy pourte ilz voustre non.
        Bernard, venés voir vous parain
190   Et vers vostre oncle de Duyng.
        Festiés les honnestament.
                SAINCT BERNARD.
        Bien veignant, parent[1]; et comment

---

173 *Ms.* enssy. — 174 cy, *ms.* sy. — 179 *Ms.* aye. — 185 voil, *ms.* voit.

1. Pour *parrain*.

Vous est ilz? Et vous, mon seignieur
Mon oncle? Cy a grant honneur
Que vous faicte d'ycy venir. 195
    Le seignieur de Duyng
Bien vous vauldroye souvenir
En plus grande neccessité.
    Le seignieur de Menton.
Vous soyés les bien arivé
A Menton, en nostre mayson.
Or cza, faysons colacion. 200
Sonnés, menestry, haultement;
Tenons estat joyeusement.
Je vuys festoié mes amis
Des biens que Dieu nous a tramis;
Je le vouldroye tenir bien ayse. 205
Seigniuer, je vous prie qu'il vous plaise
Repouser ung peu de la moy.
Maistre d'ostel, par vostre foy,
Espices et vim appourté,
Entrementiers et aprestez 210
Le digner; tantost sera temps.
    Le maistre d'ostel.
Cza, mecté boyre, mes enfans,
Et pourté a la seigniorie.
Prens ceste boyte de draygie,
Mon escuier, et vous la couppe. 215
. . . .
Vient ja honneur par toust pays.
    Cy doyvent fayre collacion.
    Le seignieur de Menton.
Or sçavés, freres et amis?
Vous ne sçavés pour quoy ycy

---

196 *souvenir* pour *subvenir*. —198 *Ms.* soys. — 201 *Ms.* Somé.
— 216 *Le vers manque.*

       Vous ay fait venir au jour de huy,
       Dont je vous mercie grandement
       De la painne que de present
       Avest pris de moy venir voir.
   Le seignieur de Biaufort.
       Compere, vous debvés sçavoir
225   Que nous sommes [tous] tel que vous.
   Le seignieur de Duyng.
       Tout ung sumes entre nous tous ;
       Il n'y a que [de] racomtier.
   Le seignieur de Menton.
       A vous tous me vuel conseillié
       D'une matire bien faissaible
230   Et, se Dieu plaist, bien honnerable.
       Vous pouvé venir avec nous,
       Bernoline, Bernard, et vous,
       Le docteur : orés que veul dire.
       Vous sçavés bien que Nostre Syre
235   M'a donné vivre, de sa grace,
       En cest monde ung [bien] grant espace :
       Dont suis ja vieulx et affebly.
       Ma femme n'è pas jouene aussy.
       Et se n'avons petit ne grant,
240   En ce monde, qu'ion seul enfant :
       C'est Bernard, comment vous sçavés,
       Qui est grant comment vous voyés ;
       Et aussy ilz est assé saige
       Pour contrayre ung beau mariage.
245   Cest est pour quoy vous ay mandé.
   Le seignieur de Biaufort.
       Compere, vous avés parlé
       Cest qui est par bonne rayson.
       Pour maintenir vostre mayson,

---

231 *Ms.* avesques. — 238 *Ms.* jouneur. — 239 se, *ms.* ce *(pour* si)*.*

Il fault marié mon filieurs.
   Le seignieur de Duyng.
Il est mon nepveulx : je le veul   250
Qu'i soit marié haultement.
   Le seignieur de Menton.
Or[es] advisés dont comment
Et en quel lieu prendrons espouse.
A marier en sçay bien .xij.
De bon hostel et honnorable,   255
A terruer, a hostel notable,
Et aussy bien riches : a Compès [1],
D'aultre pluseurs en Geneveys
Et en Sauvoye, ce me semble.
Il y est l'ostel de la Chambre [2],   260
De Myolans [3], d'aultre pluseurs
Notable mayson, grant seignieur.
Or dicte voustre entencion.
   Le seignieur de Biaufort.
Vous vouldrés, en conclusion,
En lyeu notable marié   265
Mon fillieurs : il faut adviser
En quel lieu aura myeulx de quoy,
Car je ne cognois, tam que moy,
Les filles de cy environ.
   Le seignieur de Duyng.
Tous cieulx sont notable barons ;   270
Esliere en fault une sur toute.
   Dame Bernoline.
Pardonné moy, je vous escoute

---

1. Suivant un vieux dicton du pays :
  « Ternier, Viry et *Compeys*
  « Sein les meillous maisons du Geneveys.
  « Salanuva et Menthon
  « Ne lou cédein pas d'un botton. »
2. La Chambre, arrond. de Saint-Jean-de-Maurienne (Savoie).
3. Miolan, commune de Saint-Pierre-d'Albigny (Savoie).

Bien parler, dont, si m'aït Dieu,
Vous ne pourés tous dire myeulx
275 Et prendre bien a mon talent.
Il se fault fondé en jouvant
Et parail scelon son mary;
Pour tant que moy, [seignieur], je dist
Qu'e[n] la moyson de Myolans
280 A une fillie de .xvj. ans,
Damoisseille bien gracieuse,
Et, que myeulx vault, moult virtuose :
Droit la auroy [je] mon coraige.

   Le seignieur de Menton.

Bernoline sy parle sage.
285 Elle ne pourte rien de gontre ;
Son bon coraige elle demonstre,
Ainsy qu'i luy en est advis.
Jamays la fillie je ne vis ;
Je ne sçay se l'avés vehue.

   Le seignieur de Duyng.

290 Oÿ, moy, bien l'ay [je] cognue
Et advisé. En son mantient
Je ne sceroye trouver riem
Senon bien et toute vertus.

   Le seignieur de Biaufort.

Myolans est hostel tenus
295 De plus ancians de la Savoye.
[Pour] tant que moy, je ne sçaroye
Que repliquer, senon tout bien.

   Le seignieur de Menton.

Et a Myolans je me tient,
Puisque vous toust le conseilliés.
300 J'en suis trés bien contemps et liés
Que Bernoline ce y tire.

---

293 *Ms.* Cest non.

DAME BERNOLINE.
Mon seignieur, [or] il vous fault dire
A Bernard s'il y az son cuer.
SAINCT BERNARD.
Ce que playra az mon seignieur
Et az vous ilz me fauldra fayre. 305
Je vueil a vous trestout complaire;
Fayre le doibt sans refuser.
LE SEIGNEUR DE BIAUFORT.
Hé! vous ne faicte que muser,
Docteur, dictes [en] vous semblant.
LE DOCTEUR.
Myolans est moult noble saing 310
Et parti de moult hault hostel,
Mais que le principal chatel
Soit bon; vous ne pourrés mieulx prendre.
Elle ne se peult jamais vendre,
Tel marchiandise est viagiere. 315
LE SEIGNIEUR DE MENTON.
Or[es] faysons trés bonne chiere.
Je vous remarcie du conseil.
Mectre vous fault en apparel,
Sire de Biaufort, mon compere,
Et vous, de Duyng, mon trés chier frere, 320
Pour thyrer tantost ceste part.
Je vous baille mon filz Bernard
Comme vostre, que le menné
A Myolans et demandé
La damoisseile pour sa femme, 325
Et au seignieur et az la dame
Me recomandé humblemant.
LE SEIGNIEUR DE BIAUFORT.
Nous yrons tous presentement.

326 *Ms.* a laz.

Gaillaus, soyés tous a cheval!
L'ESCUIR DE BIAUFORT.
330 Ilz fauldroit bien que heu grant mal
Qui demorroit oure derriere.
On nous feras trés bonne chiere
A Myolans le fors chastel.
LE SEIGNIEUR DE DUYNG.
Frere, nous ferons bien et bel,
335 Se Dieu plaist. Nepveu, despacié;
Faicte qu'i soit appareliez
Mon destrier, aussy la haquenée.
LE NEPVEU DE DUYNG.
Begny Dieu soit de celle allée;
Bien me plaist ceste departie,
340 Quam mon cusin cy se marie.
Je dansera tant a sa feste!
LE SEIGNIEUR DE MENTON.
Il fault que aultremant ung se veste,
Bernard; ces robes sont trop longue.
Ilz ne fault plus que tu me songe
345 Sur ton livre; estat fault changier.
Vest celle robe sans tarsier,
Et t'abillie sur le galant.
Silete.

*Et doibt vestir saint Bernard robe curte;
puis l'escuier de Menton dist:*
L'ESCUER DE MENTON.
Vous semblé maintenant plus grant
Et [un] trés gentil compaignion.
L'ESCUIER DE BIAUFORT.
350 Regardé Bernard de Menton,
S'il est homme bien fassonné.

---

331 *Ms.* demoreroit... derrire. — 337 *Prononc.* l'haquenée. — 340 *Ms.* ce sy. — 342 se, *ms.* ce. — 345 *Ms.* Sur toust lievre. — 346 *Ms.* veste.

Le nepveu de Duyng.
My fault [ly] mestre de cousté
Celle daygue en lyeu d'escriptoyre ¹.
Une espée ly fault encore ;
Puis sera trés bien abeillié. 355
  Le seignieur de Biaufort.
Puisque sommes appareillié,
Ilz est tard, que demorons plus ?
  Le seignieur de Menton.
Or alés, en non de Jhesus.
A Dieu soyés !
  Le seignieur de Duyng.
   Et vous aussy.
Or nous partons trestous de cy 360
Et en alons a Myolans.
  Le seignieur de Menton.
Alé avesque, mes enfans,
Menton, et aussy l'escuier.
  L'escuier de Menton.
Nous le ferons trés voluntier
Et le servirons loyalment ². 365
  Silete.

Ycy sy doibvent party tous ensemble, et sainct Bernard dist ce que s'ensuyt.

---

357 *Ms.* demorent. — 359 *Les mots* A Dieu soyés, *dans le manuscrit, sont transposés et ajoutés au vers* 357. — 365 *Ms.* loyallement.

1. Bernard avait encore le costume des écoliers.
2. Toute cette scène est la paraphrase de ce passage de la légende, adapté aux mœurs du temps et aux besoins de la mise en scène : « *Tandem ad eum, multum obedientem, ad opulentum Menthonis palatium, in comitatu et diœcesi Gebennensi revocatum per patrem, congregata est multitudo baronum dulcissima, militum et nobilium utriusque generis, diversis vestimentis mutatoriis, et melodiosis labiorum suavitatibus cantica canticorum in tripudiis citharisque et epulis abundantibus concinentium, proponentium eidem Bernardo*

VI

[Sur la route de Miolan.]

SAINCT BERNARD.

MESSEIGNIEUR, allé hardiement;
Je voys après tout a mon ayse.
MENTON, MESSAGER.
Trés voluntiers, ne vous desplayse.
Cheminons, laissons le prier.

*Sainct Bernard dist ce que s'ensuyt en
manyere d'oroyson :*

370   Mon Createur, te requier
                Qu'adresier
        Vuelle moy, ton serviteurs,
        Et me garde de pechier
                Ne flectier.
375   Donne moy ung ferme cuer.
        Tu voys que, pour le cremeur
                Du seignieur
        A qui je doibt obeïr,
        En ce monde plaint d'erreur
380   Et douleur
        Je entre contre mon playsir.

---

370 *Ms.* je te.

jam affabilem, generosam ac speciosissimam sponsam crastino desponsare, de domo et nobili genere de Myalans in Sabandia; totiusque dominationis et baroniæ judicium et regimen tamquam baculo paternæ vetustatis remittere multum solenniter festinavit Richardus. » (*Acta SS. junii*, II, 1074.).

Mon playsir, biau syre Dieu,
    Doulx et pieulx,
Seroit de estre en ton service.
Tu commande que le fieulx   385
    En tous lieux
A son pere il obeïsse :
Affin que je ne faillisse
    En ce vice,
A mon pere j'obeïs.   390
Vraye Dieu, soie moy propice !
    Sans malice
Contredire je ne puis.

Je ne puis pas contredire,
    Biaulx doulx Sire,   395
A vouloir de mon deulx pere.
De paour de le mettre en yre,
    Me fault dire
Et complir cest mariage.
Je entre au val de la misere   400
    Moult amere ;
Biau syre Dieu, que farai ge ?

LE FOL.

Se j'avoye pris a mariage
La fille d'un [si] biau seignieur
Ou la servente d'ung gaignieur,   405
Elle seroit bien mariée.
Ilz y a telle, en l'asemblée,
Qui en voudroit bien estre quicte.
Couste bien autant la petite
Que la grant : laquelle vaulx myeulx ?   410
Je vouldroye bien aussy que Dieu

390 *Ms.* j'ay obeïs. — 408 *Ms.* quicte estre.

Fust plus saige que l'an passé.
Et, sy estoit ja trapassé,
Qui seroit maistre? Marotelle.
415 Il en y a encore telle
Qui sera bien mal mariée.

VII

[Au château de Miolan.]

LE SEIGNIEUR DE BIAUFORT, *a sainct Bernard.*
Filieurs, nous sommes a l'entrée
De Myolans; il est ycy.
Va t'an tost, Menton, mon amy,
420 Dire devant que nous venons.
MENTON MESSAGER.
Il [n']est [mie] encore bien loongs :
Je y seray tantost a deux pas.
LE SEIGNIEUR DE BIAUFORT.
Cza, filieurs, alons bras az bras.
Que Dieu nous dont bien besongnier!
MENTON, MESSAGER, *au seignieur de Myolans.*
425 Mon seignieur, je vous vient nuncier
La venue d'aulcune gens
Honnorables et biau et gens :
Messire Bernard de Biaufort,
Le seignieur de Duyng, chastel fort,
430 Et aussy Bernard de Menton.

418 il est, *ms.* illet.

LE SEIGNIEUR DE MYOLANS.
Bien soyent venu le barons;
Recheu seront alegremant.
Entré; vous deulx, venés avant,
Mon escuier et Myolans :
Recontré[1] le vueil sur le champs;   435
C'est rayson, car bien en son digne.
LE SEIGNIEUR DE BIAUFORT *au seignieur
de Myolans dist :*
Vous estes assé trop benigne,
Mon seignieur, de venir tant loongs
Contre nous.
  LE SEIGNIEUR DE MYOLANS.
   Ha! noble barons,
Vous soyés les trés bien venu.   440
Je seroie bien assé tenu
De vous fayre plus grant honneur,
Et vous marcie de bon cuer
Quant vous plest de venir ceans.
Alé devant.   445
  LE SEIGNIEUR DE BIAUFORT.
   Entré dedans,
Mon seignieur, monstré le chemin.
  LE SEIGNIEUR DE MYOLANS.
Venés, mon seignieur de Duyng.
Et vous? Pas ne sçay vostre non.
  LE SEIGNIEUR [DE BIAUFORT].
On ly dist Bernard de Menton,
Filz d'ung notable chevalier.   450
  LE SEIGNIEUR DE MYOLANS.
C'est un seignieur qui est prisiez,
Famez et de grant renommée.

---

444 *Ms.* seans.

1. Recontrer = aller à la rencontre.

Dieu gart de mal celle asemblée!
Cza, femme, venés festier
455 Cest seignieur. Il [les] fault baisier;
Aprochiés vous.
            LA DAME DE MYOLANS.
                    De trés bon cuer.
Bien soyés venu, my seignieur,
Et receu az grant alegrance.
            LE SEIGNIEUR DE MYOLANS.
Je voyl que chascune s'avance
460 De lè baysir honnestement.
        LA FILLIE DU SEIGNIEUR DE MYOLANS.
A vostre bon commandement,
Les bayserons et festoyrons
Trestous le myeulx que nous pourrons.
Mon seignieur, a vostre talent.
                    Et bayse les seignieurs[1].
            LE SEIGNIEUR [DE MYOLANS].
465 Mes biau seignieur, oure qué vent
Vous amene en ceste mayson?
            LE SEIGNIEUR DE BIAUFORT.
Tantost ourés nostre rayson;
Nous le vous dirons, sy vous plest.
            LE SEIGNIEUR DE MYOLANS.
Messeignieur barons, je suis prest
470 De vous oÿ quant vous plaira.
            LE SEIGNIEUR DE BIAUFORT.
Mon seignieur de Duyng [le] dyra
S'il luy plaist, que a luy appartient.
            LE SEIGNIEUR DE DUYNG.
Salve voz grace, car a vous tient;

---

454 Pour femmes; *la suite montre que le mot est au pluriel.* —
459 voyl, *ms.* voye. — 472 S'il, *ms.* Cil.

1. La suite de la scène indique qu'après ce baiser les dames se retirent à part.

Tout le fait, az vous [le] remecte.
      LE SEIGNIEUR DE BIAUFORT.
Pour abergié, je me sumecte   475
A vous bonne correction.
Richart, le seignieur de Menton,
Mon compere, nous az mandé
Devers vous, aussy commandé
Une ambassade gracieuse   480
Pour une matiere jouyouse,
Se partie vient a plaisir.
Se je parle trop a loysir,
Je vous prie que moy pardonnez.
Mon compere s'est avisez   485
Avec ses amys en conseil
Pour trouvé az son filz pareil,
En tant qu'il [a] determiné
De nous donner hautorité
De vous demander vostre fillie,   490
Qui est bonne, belle et abille :
C'est pourquoi nous sumes venus.
Et donrés de vostres escus
A vostre plaisir pour douaire.
Mon fillieur Bernard debonnayre   495
Le vous requier, et nous aussi.
      LE SEIGNIEUR DE MYOLANS.
Sire de Biaufort, j'ay oÿ
Vostre demande gracieuse.
Mès requeste plus amoureuse
Ne me venist, or plus[t] a Dieu,   500
Quant l'enfant d'ung si noble lyeu
Sy demande de mes enfans.
Il en y a bien de plus grans
Mayson, ou seroit mieulx receu.

480 *Ms.* ambasse. — 485 s'est, *ms.* cest. — 486 *Ms.* Avesques cest a. — 494 *Ms.* drouaire. — 501 noble, *ms.* notable.

505 Dont je vous respont, ou surplus,
     Qu'aux dames me fauldra parler.
     Veullé moy ung peu pardonner;
     Tantost je seroi retourné.
          LE SEIGNIEUR DE BIAUFORT.
     A vostre plaisir et bon gré,
510 Atendrons ycy les response.
          LE SEIGNIEUR DE MYOLANS, *a sa moillier [la dame] de Myolans.*
     Vous avés oÿ la samonsse
     Et demande de celle gens :
     Qu'en dicte vous?
          LA DAME DE MYOLANS.
                    Scelont mon senz
     Qui est petit, je y consente.
515 Mais que ung sache ung peu de l'entente
     De nostre fillie Marguerite.
          LE SEIGNIEUR DE MYOLANS.
     Ma doulce fillie, et vous, qu'en dicte?
     Ceste matire fort vous touche.
     [Mais il nous fault de vostre bouche]
520 Consentement et bon voloir.
     Vous poués la partie voir.
     Sy vous plaist, se dictes ouy;
     Sy ne vous plaist, se dicte aussy;
     Je n'en vueil riem.
          LA FILLIE DU SEIGNIEUR DE MYOLANS.
                    Mon doulx seignieur,
525 A qui je doibt en tout honneur
     Obeïr, a vostre plaisir
     Je suis contente d'acomplir;
     Faicte de moy comme de vostre.

---

506 Qu'aux d., *ms.* Que d. — 508 *Ms.* seroit cy r. — 515 sache, *ms.* sachiés. — 519 *Vers manquant dans le ms. et restitué par conjecture.*

LE SEIGNIEUR DE MYOLANS.

Foy que doibt a saint Pol l'apostre,
Sans aultre delyberacion 530
J'en fairé la conclusion.
L'affaire me plaist grandement,
Car [tous] ceulx de Menton sont gent
Moult prisiez et bien honoré
En la comté de Genevé : 535
Il ne les fault pas reffusser.
Je vous fay ycy demorer
Grant espace [1]; pardonné moy,
Car, je vous jure par ma foy,
J'ay grant desir de vous complaire, 540
Seignieurs, au principal afayre.
Je vous octroye la personne,
Et ma fillie a Bernard la donne;
De bon cuer je ly vous octroye.

LE SEIGNIEUR DE BIAUFORT.

Chascuns de nous vous remarcie, 545
Et l'aceptons trés humblement.
Or nous dicte combien d'argent
Vous ly donré de mariage.
Bernard a assés heritage;
Ilz ne luy chault que de la fillie. 550

LE SEIGNIEUR DE MYOLANS.

Je lui donne jusque à dix mille
Escu vielz, si vous semble assés.
Mon seigneur [2] lè ot amassé;
Je ly octroye alegrement.

LE SEIGNIEUR DE DUYNG.

Nous vous mercions grandement. 555

---

529 *Ms.* que je doibt.

1. Ici le sire de Miolan revient vers ses hôtes et s'adresse à eux.
2. « Mon seigneur » est ici pour « mon père ».

Il nous souffit trés bien atant,
Car nous ne regardon mie tant
A la somme qu'a l'acoinctance
Et la trés notable aliance
560 Qui se fait de ces deulx mayson.
Or cza, au surplus, advisons
Quant nostre espouse on amenra.
            LE SEIGNIEUR DE MYOLANS.
Bien ferons sçavoir quam viendra
Le temps qu'on aura appresté
565 Cest qui sera neccessité.
Or bevons, fayson bonne chiere.
            LE SEIGNIEUR DE BIAUFORT.
Vous ne sçavés pas la magniere :
Il vous fault donné quesque estrainne[1].
            SAINCT BERNARD.
Voycy une verge bien fine
570 Que ly donré de bien allée[2].
Ma trés chiere dame honnorée,
Sy vous plaist ce petit present,
Recevé ly oure a present
Et le gardé, je le vous prie.
                              Et la baise.
            LA FILLIE DU SEIGNIEUR DE MYOLANS.
575 Mon bel syre, je vous marcye;
Je le garderoy loyalment
Pour l'ameur de vous, longuement,
Sy plaist a la Vierge Marie.

---

558 *Ms.* que a la comictance. — 560 ces, *ms.* cest. — 573 a, *ms.* de. — 578 Sy, *ms.* Cy.

1. La rime voudrait *estrinne*. Cette *magniere* ou cette coutume est celle du présent symbolique ou *sponsalitium* offert par le fiancé à sa future, en signe d'accord. Ici nous voyons le droit romain régner en Savoie.
2. De bienvenue.

LE SEIGNIEUR DE MYOLANS.
Or cza, menons joyeuse vie,
Menestrier, sonné maintenant.   580
Apourté a boyre de grant,
Et laissés la mellencorie ¹.
   Adont font collacion, et entretant corne menestrier.
        Silete.
   LE SEIGNIEUR DE BIAUFORT.
Puys que la matire est complie
Et que nous sommes toust d'acours,
Bon sera de tourné a court   585
Vous, monseignieur de Myolans.
Notre espou sy est assés grant
Et ma filliole assés de age :
Acomplir fault le mariage
Bien briesment, quam vous aurés aise.   590
   LE SEIGNIEUR DE MYOLANS.
Messeignieur, il ne vous desplaise
Se sy brief ne l'acomplesons :
Il fault faire promission ²,
Et aussi faire abilliemens
Nouveaulx, et demander les gens,   595
De parens et de nous amys.
Se vous voulé que jour soit pris
A ung moys, je suis bien content.
   LE SEIGNIEUR DE BIAUFORT.
C'est bien dist, par mon serement ;
Ne changons [rien], le jour est bien.   600
Puis dont [ycy] ne fauldrons riem
De venir trestout au rencontre.

585 *Ms.* t. appourt. — 592 sy, *ms.* cy. — 597 Se, *ms.* Ce.

1. Ces collations et ces libations, qui reviennent à tout propos, mais surtout après la conclusion d'une affaire, sont restées dans la tradition savoyarde.
2. Célébrer les fiançailles.

LE SEIGNIEUR DE MYOLANS.
Vous sçavés que tel chouse monte.
Chescung fera bien son debvoir.
605 Je suis contant de le sçavoir,
Pour porvoir a fayre la feste.
LE SEIGNIEUR DE DUYNG.
Or [ça] faysons trestout retrayte.
Adieu trestout, petit et et grans;
Adieu, syre de Myolans;
610 Adieu, niepce, jusque au retour.
SAINCT BERNARD.
Or adieu, ma leal ameurs;
Dieu vous dont faire son service.
LE SEIGNIEUR DE MYOLANS.
Je seroie ung homme [de] vyce
Se ne vous alloyes convoiant.
LE SEIGNIEUR DE BIAUFORT.
615 Par Dieu, vous n'yré plus avant;
Adieu, mon seignieur.
LE SEIGNIEUR DE MYOLANS.
Adieu dont.
Et se partent les cinq des aultres.

606 *Ms.* povoir. — 610 retour, *ms.* revoir. — 614 *Ms.* Se je ne.

VIII

[Sur la route de Menthon.]

Le seignieur de Biaufort.
Pour le corps Dieu, receu nous ont
[En cest hostel] alegremant.
    Le seignieur de Duyng.
Vous dicte voir, par mon serment ;
C'est un hostel de grant honneur.   620
Bernard doit estre aleigre ou cuer
D'avoir compli ceste aliance.
    Sainct Bernard.
J'ay tousjours [eu] en Dieu fiance
Que nous ferons assé de bien,
Et [nous] tyendron estat moyen,   625
Mantenir honneur et chevance.
    Le seignieur de Duyng.
Vous avés de bien habundance,
Bel nepveu, ne povés faillir.
Ycy nous fauldra departir :
Vers Duyng je m'en veul thirer.   630
    Le seignieur de Biaufort.
Et vers Biaufor veul chiminer.
De vous voulons prendre congié.
    Sainct Bernard.
Messeignieur, je serois bien lié

---

619 *Ms.* serement. — 621 *Ms.* aleigiée. — 625 *Le sens exigerait :* Maintenant. — 627 *Ms.* de b. a. h.

Que vous venessés a Menton.
   Le seignieur de Biaufort.
635 Alon dont; il n'y è pas loing :
Veé cy le chastel cy devant.

IX

[Au château de Menthon.]

   Le seignieur de Menton.
Je voy venir une bien grant
 Asemblée de gens de honneur.
 Bien soyés venu, messeignieurs,
640 Mon compere, et vous tout ensemble.
   Le seignieur de Biaufort.
Compere, vostre vin nous semble
Trés bon ; pour ce en retournons boyre.
On dit bien, et est chouse voyre,
Qu'i fait mal atrayre le folz.
   Le seignieur de Menton.
645 Helas! changiez vostre prepos ;
Bien soyés venu a grant joye.
   Le seignieur de Duyng.
Appareliez de la monoye
Et de l'or ; il vous fault despendre
Largement, car il vous fault tendre
650 A honneur oure a ceste fois.
A concté de ycy en ung moys,
Vostre fillie ung vous amenra.

636 cy, *ms.* sy.

LE SEIGNIEUR DE MENTON.
Maldist soit qui esparniera
Riens qui soit, et benoit soit Dieu
Quant il luy plais que mon biau fieulx   655
Soit alié a tel ligniage !
Oncques ne fust myeulx mariage
Conpris si bien a mon talent.
Bernoline, joyeusement
Nous en userons nostre vie.   660
    DAME BERNOLINE.
J'en loue la Vierge Marie,
Quant Bernard est [si] bien logié.
    LE SEIGNIEUR DE DUYNG.
Chascuns [en] doibt estre bien liez ;
Le mariage est bien compris.
    LE SEIGNIEUR DE MENTON.
Je vous marcie, mes amys,   665
Tous ensemble de vostre penne.
Il nous fauldra, ceste sepmainne,
Semondre gens et apprester
Nostre feste, aussi aviser
De faire biaulx abilliemens.   670
    LE SEIGNIEUR DE BIAUFORT.
Vostre amys et vostre parens
Vous viendront fayre tout honneur.
Fillieurs, soyés alegre ou cuer,
Et mantenez vie joyeuse
Pour l'ameur de vostre amoureuse ;   675
Ne debvés fayre que chanter.
    SAINCT BERNARD.
Messeignieur, je vay repouser ;
Je suis lassé, pardonné moy.
                      Et s'en part.

---

669 *Ms*. a. fault a. — 674 *Ms*. manténir. — 677. *Ms*. repousser.

MENTON MESSAGER.

Messeignieur, foy que je vous doy,
680 Je ne sçay pas que nous ferons
De cest enfant, car ly bon hons
Jamays il ne fait que prier.
Il vauldroyt mieulx en un monstier
Qu'en ung palaix a faire feste.

LE SEIGNIEUR DE MENTON.

685 Tu en parle comme unne beste.
Avec galer et festier
Il fault aucune foys prier;
Je ne l'en prise pas moyent.

MENTON MESSAGER.

Je vouldroye qu'il fy, au mains
690 Aucune foy, mellieure chieres.
Il souffiroit qu'il eust les fievres,
Aussy est mallencolieux.

LE MAISTRE D'OSTEL.

Heé dya! il est ung peu honteux
De voir les estat du pays.
695 Il n'y a pas esté nouris [1];
Pour quoy ne me esbaye mie.

LE DOCTEUR.

Je vous promet qu'il az envie
De bien faire, n'en docté pas.
Il est sage et doubte son cas;
700 N'en soyés de cest esbaÿ.

DAME BERNOLINE.

Il n'avoit que trois ans demy,
Que ja vouloit estre devoz.
Atrayre le fault po a poc
Et tinyr en esbatement;

701 *Ms.* ans et demy. — 704 *Ms.* Et tinyrent.

1. Bernard, suivant la tradition, avait été faire ses études à Paris.

Car, je sçay bien certainement, 705
Mieulx amera en devocion
Estre en quelque religion
Que au monde; la est son entente.

LE SEIGNIEUR DE MENTON.

C'est de Menton une seulle ente
Et apprest moy le principal, 710
Car il doibt estre le loyal
Heir, aussy le vray successeur.

DAME BERNOLINE.

Il se pourteras bien, mon seignieur,
Tem qu'a la fin serés contens.

LE SEIGNIEUR DE MENTON.

Bien tout au fort je m'en atens 715
A luy, a quoy touche le cas.

LE FOLZ.

Ha! que j'ai fait hélas! hélas!
Quant seront celle nopse preste?...
Tu m'ayderoy bien a chanter.
L'espouse se peult bien vanter 720
Qu'elle sera mal assenée.
Il estoit meillieur l'aultre année.
Les aranez et ambroquelles.
Est il icy de maquerelles,
Ma feulyarde, d'environ? 725
J'ay bien omblié ma Lyzon.
Je sçay mes graces cul par cuer.
Que ne suy ge bien grant seignieur,
Abbé ou quelques grant prelas!

---

715 je m'en, *ms*. jeanne. — 718 *Il manque un vers après celui-ci.* — 724 *Ms*. Hé quil icy.

X

[L'oratoire de S. Bernard.]

SAINCT BERNARD *dist en priant* :
730　Ha! mon seignieur sainct Nycolas,
　　　　Tout au bas
　　　　Je suis las
　　Et plent de malencorie :
　　Je te prie que ne m'omble pas.
735　　　En mon cas
　　　　Tu feras
　　Plus parfaicte et seure aÿe.
　　Après, la Vierge Marie,
　　　　Je te prie
740　　　Et supplie
　　Que toy soyes au juvas,
　　Car ung veu que me marie ;
　　　　Ma lignie
　　　　Me guerrie,
745　A moy oste mon solas.
　　Mais je seroit consoulé
　　　　Et soulé
　　D'estre mis en ton service,
　　Vray Dieu qui as tout creé
750　　　Et fourmé
　　Par ton devin artifice ;
　　　　Que je puisse
　　Le monde habandonner,

---

741 *Le mot* juvas *est douteux*. — 752 *Ms.* je feisse.

Qui est tant plaint de malice
   Et de vice;
Il y fa mal demourer. 755
Demourer je ne porroye
   Ne sçaroye
Se n'estoit ta seule grace.
Donne moy la seure voye,
   Que je soye 760
Mis hors de celle fallasse,
Et me donne tam espace
   Que j'effaisse
Les pechiés dont je suis plains. 765
M'ame est entré en la trasse
   Qui me casse;
Pour quoy a toy me complains.
Tu es princeps des humains,
   Et au moins, 770
Saulve ta benignité,
Tu es meytre souverans
   Et certains.
Tu voyt ma necessité;
Tu soye begny et loué, 775
Vray Dieu qui es omnipotent,
A toy soy je recomandé;
D'ame et de corps te fait present.

764 *Ms.* Que faisse. — 771 *Ms.* S. pour ta b. — 772 *Ms.* Que tu.

XI

[Au bourg Saint-Pierre, au pied du Mont-Joux].

Cy doibvent partir les pellerins pour aler a Rome, et le premier dist ce qui s'ensuis :

LE PREMIER PELLERIM.

780 Nous sumes prest du logement
Ou il az [un] trés bon logis ;
Il nous fault avoir bon advis
Et conseil commant passerons.
LE SECON PELLERIM.
De ce bon vim nous beverons ;
Si en seront puis plus hardy.
LE TYER PELLERIM.
785 Par ma foys, tu es mon amy,
Quam tu parle de ce bon vim.
LE QUART PELLERIM.
Foy que je doibt a saint Martin,
J'en furneray trés bien ma teste.
LE Ve PELLERIM.
Et je ly feray bonne feste,
790 Car j'ay grant soif et suis lassé.
LE VIe PELLERIM.
Je yl ay bien aultre foys passé ;
Mès ung y estoit bien servi.
LE VIIe PELLERIM.
De cella trestout ademis ;
Mais on y compte largement.

783 *Ms.* beurens.

DE SAINT BERNARD DE MENTHON

LE VIIIe PELLERIM.

Il ne m'en chault, par mon serment, 795
Mas que [je] soit tenu bien ayse.

LE IXe PELLERIM.

C'est trés bien dist, par sainct Nychase;
C'est le meilleur que de bien boyre.

LE Xe PELLERIM.

Par la foy Dieu, c'est chouse voyre,
Car au bien boyre giest le gains. 800

LE PREMIER PELLERIM.

Avé vous bon vim et bon pain,
Seignieur ostel? Dieu vous benie!

LE OSTEL DU BOURT SAINCT-PIERE [1].

Bien veignant ceste compaignie!
Vous aurés des biens largement,
Bon vim et bon pain de forment, 805
Bonne char salée et char freyche,
Et d'aultre vivres a largesse,
Selon le pays de montaignie.

LE PREMIER PELLERIM.

Par mon serment, c'est trés grant painne
D'aller a pié par ces pays. 810

LE HOSTEL DU BOURG SAINCT-PIERE.

Soyés vous, puis serés servis;
Largement aurés az mengier.

LE SECON PELLERIM.

Aussy voulons nous bien paier,
Mais que bien ayse nous tenés.

LE HOSTEL DU BOURT SAINCT PIERE.

Mengiez fort, et aussi beuvés 815

---

795. *Ms.* serement. — 802 *Ms.* benigne. — 809. *Ms.* serement.
— 811 *Ms.* et puis. — 813 paier, *ms.* pair.

1. Bourg Saint-Pierre ou Saint-Pierre-Mont-Joux, dernier village avant d'arriver au sommet du Grand-Saint-Bernard (côté du Valais).

A l'avenant. Il est bien frès;
C'est du vim roge de Valez ¹.
D'aultres y en a de Val d'Oste.
   Le tyers pellerim.
Hélas! je vous prie, mon hostel,
820 Y a il riens de muscadel?
   Le hostel du bort Sainct-Piere.
Oy, certe, de bon et de bel,
Qui est de la terre de cy.
   Le iiiie pellerim.
Or bevons fort; boit, mon amy,
Qu'il est bon et doulx a passer!
   Le ve pellerim.
825 Enfans, pensons de deslivrer :
Nous avons mal chemin a fayre.
   Le vi^e pellerim.
Nous avons assés painne et herre :
Donnons nous [ore] de repos.
   Le viie pellerim.
Par ma foy, il seroit bien fol
830 Qui n'y doubteroit cel passage.
J'ay grant paour que ne laissons gaige.
Ne prendrons nous rien de marrons ²?
   Le hoste du bourg Sainct-Piere.
Vous estes gentil compaignons
Et galliars; ne vous fault doubter.
   Le viiie pellerim.
835 Icy ne nous fault plus rester ;

822 cy, *ms.* sy. — 830 cel, *ms.* celluy.

1. Le vin de Sion, en Valais, est renommé dans la contrée.
2. *Ne prendrons-nous rien?* pour *ne prendrons-nous pas?* C'est encore le langage courant, dans la Savoie et les pays voisins. *Marrons* ou *maroniers* est demeuré le nom des frères lais du Saint-Bernard qui vont à la recherche des voyageurs égarés. Ce terme était également usité dans quelques autres montagnes de la chaîne alpestre.

Monté nous fault sans plus targier.
LE IXᵉ PELLERIM.
Noustre Seigneur nous vuellie aydier
Et Nostre Dame, s'il luy plest.
LE Xᵉ PELLERIM.
Compaignions, je voy tous que c'est :
Vous avés paur, je le voy bien. 840
Il ne vous fault [doubter] de rien.
Je voul estre le plus hardi
De tous : je veul estre celluy
Le derr[en]ier, pour esprouver
Se le dyable pourroy trouver. 845
Avés vous paur, mechante gens ?
LE PREMIER PELLERIM.
Enfans, or soyons diligens
De partir ; le solail est hault.
Oure, hoste, combien vous fault ?
Comptez, et puis serez paiez. 850
LE HOSTE DU BOURG SAINCT PIERE.
A deux gros est fait le marchié.
C'est la coustume de ceans.
LE SECON PELLERIM.
Hoste, et este vous hors du sans,
De nous faire paier deux gros ?
Pour homme il souffiroit .iij. solz. 855
Gardé vous de nous compter trop.
LE HOSTE DU BOURG SAINCT PIERE.
Vous aurez boyre encore ung cop,
Puis pay[e]rés tant que je dy.
Deux gros pour homme, avés oÿ ?
Je n'em sçauroye riem rabbattre. 860
LE IIIᵉ PELLERIM.
Il ne se fault a luy combatre.
Tené .xx. gros ; c'est pour nous dix.

852 *Ms.* seans. — 853 sans, *ms.* sains.

LE HOSTE.

Je prie Dieu de paradix
Que vous doint bien trestous aller,
865 Sy luy plaist, aussi retourner
Tous ensemble joyeulx et sains.

LE IIIIe PELLERIM.

Vous este gracieulx compains.
Adieu vous dy, jusque au retours.

LE HOSTE DU BOURG SAINCT PIERE.

Messeignieurs, Dieu vous dont bonjours
870 Et vous gart de male aventure.

LE Ve PELLERIM.

Chascum de nous se mecte [en] cure
De chiminer legieremant.

LE PREMIER PELLERIM.

Enfans, alons doulcetement,
Tous ensemble, aussy de bon cuer;
875 Et requirons Nostre Seignieur
Qu'em sa garde nous puis avoir.

865 Sy, *ms.* Cy.

XII

[Au sommet du Mont-Joux.]

Adont doibvent monter les monts, et les dyables dedans l'ydole appellent. Jupiter, au plus hault du mont, avesques les aultres dyables, leur dist :

JUPITER.

Vous ne faicte plus nul debvoir,
Larrons pourrys a pute estrainne.
Pas ne gardé bien la montaigne;
Vous n'appourté plus nulle proie.   880
    AGRAPART, DYABLE.
Jupiter, tu doibs avoir joye
Et [doibs] fayre trés bonne chiere :
Il son party du bourt Sainct Piere
Dix pellerins oultrecuydiés.
    JUPITER.
Or soyés dont appareilliez   885
De prendre et hasper nostre droit;
Le dyëme, comme qu'il soit,
Estranglé et le m'apourté[1].

---

1. La légende voulait que Jupiter ou sa statue prélevât, sur toutes les compagnies de pèlerins passant par le Mont-Joux, celui qui marchait le dixième, puis le vingtième, et ainsi de suite. C'est pourquoi l'un de nos dix pèlerins s'écrie bravement, un peu plus haut, qu'il veut se placer au dernier rang, afin de voir venir le diable. Toute cette scène est, du reste, la mise en action du passage suivant de Richard de la Val-d'Isère : *Diabolus vero, inimicus rugiens, omnique diligentia ad malum pervigilans, [per] ipsam pro-*

BRUNET, DYABLE.

　　　　Tantost te saront presenté,
890　　Nostre maistre ; seras servi.
　　　　De ce crestiens, pour le jour de huy,
　　　　Presenterons ayns qu'il soit nuyt.

ASTAROTH, DYABLE.

　　　　Nous ferons ce debvoir trestuit,
　　　　Que nous aurons bonne pidance.

BELLIAR, DYABLE.

895　　Vous ferés vostre grant mechance.
　　　　Que ferés vous, se je n'estoyes?
　　　　J'aspourteray une tel proie,
　　　　Que Jupiter fera grant chiere.
　　　　J'ay donné a plusieur la fievre,
900　　Qui le vindront cy requerir.

JUPITER.

　　　　Or penssez trestout de murtrir
　　　　De cest fault chrestiens malereux.
　　　　Faictes en malades plusieurs,
　　　　Puis que me veignant adourer;
905　　Et ne laissiez homme passer
　　　　Que n'appourté cy nostre part.
　　　　Ou es tu, mon frere Agrapart?

890 *Ms.* seret servir. — 892 *Ms.* Ly presenterons. — 897 *Ms.* telle. — 898 grant, *ms.* bonne. — 900 *Ms.* requirer.

fanam statuam diabolicis circumdatam loquacitatum vocibus, [*nitebatur*] *christianitatem succrescentem in inferno perimere :* [*quia*] *procuratos per eum languores suis fraudibus elidere sanareque a deceptis credebatur ; et, quod pluris est, quemcumque christicolam cujuscumque turbæ secus se progredientis decimum, pro decima sibi retinens, ad facilem timorem idolatriæ eum inclinando, subvertere salagebat. Steriliter autem in gelosis abruptisque recessibus rupium degebant ipsa dæmonia, a quacumque humana mansione ultra viginti stadia ; ut quantum in desertioribus habitarent, tanto plus immensior concursus seductorum populorum ad eorum fallentia remedia declinaret. (Acta SS. junii,* II, 1077.)

Ne passe il femme ny homme,
La ou est planté ma columpne[1]?
C'est mon œul a decepvoir gent. 910
AGRAPART, DYABLE.
Este vous, maistre, hors du sens?
Nous ne cessons de fayre mal,
Et [nous] tenons trestous le Val
D'Oste, Entremont, jusque a Lausanna,
La Tarantaise et Morianna[2]; 915
Toust est a vous obeïssant.
JUPITER.
Mes enfans, fayte feste grande,
Car nous aurons obeïssance
Tantost des parties de France;
Chascung se rendra en ma grace. 920
Silete.
LE PREMIER PELLERIM.
Cheminons; avons grant espace.
Tantost serons jusques au mont.
Allons ensemble, compaignion,
Et chascum si ait bon coraige.
LE Xe PELLERIM.
Heé morbieu! et vecy [bien] rage. 925
Avez vous paour aler avant?
Par vostre foys, allés de grant,
Et me laissés a l'aventure.
AGRAPART.
J'ay veu venir a grant aleure
Les pelerins par cy passans. 930

---

1. C'est-à-dire au Petit-Saint-Bernard *(Columna Jovis)*.

2. Le Val d'Aoste est la vallée qui s'ouvre au sud du Grand-Saint-Bernard; le Val d'Entremont est celle qui s'ouvre au nord, dans le Valais. La Tarantaise et la Maurienne sont également des vallées voisines du Grand ou du Petit-Saint-Bernard; mais Lausanne est assez éloigné et ne paraît mis là que pour la rime. On a ici deux exemples de finales muettes en *a* très rares dans ce *Mystère*.

BRUNET.
Je ne sçay se il sont bon marchans,
Mes lever fault nostre peage.
ASTAROTH.
Il n'y aura si fier visage
Que je ne sache bien muer.
BELLIAL.
935 Ne dictes mot; laissié passer,
Puis levons le droit de ceans.
AGRAPART.
Et ung et II,
Et III, IV, V, VI, VII, VIII et IX ¹.
Frapons dedens!
Cestuy est nostre compagnon;
Pour le dixiesme le prendons.
940 Pourtons le devant Jupiter.
BRUNET.
Or ça ¹, dyable du grant enfert,
Pourte, ribal, cestui palliart.
ASTAROTH.
Pendu soy ge en male hart!
Il vouldroyt myeulx de le trayner.
BELLIAL.
945 Il le fault devant luy pousser.
Veé cy nostre maistre. De quoy?
JUPITER.
Je veul qu'estranglez devant moy
Il soit ycy presentement.
AGRAPPART.
Assé seray ge diligent.
950 Vey le la, comment il gargote!
C'est une gracieuse nocte :

941 ça, *ms.* sa.

1. Il compte en prose les pèlerins qui passent et ne rentre dans le vers que pour saisir le dixième.

Il n'y fauldroit que contrepoint;
Et je croy que je ne faut point
Quam je le ay a despechier.
Brunet.
Tu eusses esté bon bouchier, 955
A estrangler beste menue.
Astaroth.
Il n'è pas mort : il se remue.
Belliart.
Mais se gaille en telle maniere.
Agrapart.
Je l'ay trop bien garist de fievre;
Jamais plus ne les tremblera. 960
Jupiter.
Celuy de vous qui mès fera
De mal, sera le mieulx amé.
Puisqu'il est mors, se le portés
En la cuisine, pour souper.
Bellial.
Pren de la. Il le faut porter 965
Au cusinier : si en ferra
Des hateriaulx; s'en mengera
Nostre mestre, et [puis] nous après.
Agrappart.
Il sera bon quant sera près;
Ce sera ung riche mengier. 970
Ces herege, sy feyturier,
Sy aymont tant telle viande!

956 *Ms.* b. menée.

XIII

[A Saint-Remi, derrière le Mont-Joux.]

  Le premier pelerin.
Las! compaignons, je vous demande,
 Comment vous va, mes chiers amis?
  Le iie pelerin.
975 J'ay cuidiez aragier tout vif;
Oncque ne fu si esbahis.
  Le tiers pelerin.
Hélas! que j'ay paour aussi!
Je ne sçavoie [plus] mot sonner.
  Le iiiie pelerin.
Oncque n'oÿ ainsi tonner;
980 J'en suis encore tous perdus.
  Le ve pelerin.
Sommes nous trestous descendus?
Or contons se nous sommes dix.
  Le vi^e pelerin.
Demourés est le plus hardi
De nous, car il ne cy est pas.
  Le viie pelerin.
985 Il a esté pris au trapas,
Car je l'ay bien senty crier.
  Le viiie pellerin.
Encore me convient trembler
Par force de la grant paour.
  Le ixe pellerin.
Je ne sçay s'il est nuit ou jour;
990 Ainsi sui je tous esperdu.

Le povre homme si fu perdu
Et pris tout au plus près de moy.
   Le premier pellerin.
Le plus gailliart home, je croy,
Qui fust en tout nostre païs.
Riens ne doubtoit, tant fust hardi.   995
Veés vous que c'est la grant pité!
   Le II° pellerin.
Begni soit Dieu quant eschapé
Sont ly aultre. Il n'y a remede :
Prions tous a Dieu quil nous aide
Et nous conduie en bon hostel.   1000
   Le III° pellerin
Il y a cy ung hostel tel,
A Saint Remi, qu'è bien nomé [1].
   Le IIII° pellerin.
Je voudroy boire a toute somme,
Ains que je alasse plus avant.
Le v° pellerin *a l'oste de SaintRemy*.
Cha, nostre hoste, mettés de grant   1005
La nape, du vin et du pain.
   Le VI° pellerin.
Or despechiés, car j'ay grant fain.
Avés bon vin avantageux?
   L'oste du bourg Saint Remy.
Oÿ dya, j'en ay de pluseurs,
De blanc, de vermel, de soret,   1010
D'ung et d'aultre plus alegret.
Seés vous de cha et de la
Trestout, et ung vous servira
De potage et de char salée,

1001 *Ms.* Il n'y a. — 1010 *Ms.* et de soret.

[1]. Jeu de mots : tous les pèlerins arrivant là étaient remis de leur frayeur. Saint-Remi est la première localité italienne en descendant le versant méridional du Grand-Saint-Bernard.

1015   Et aussi de une charboniée,
        Tan que serés trestout bien aise.
        Seigneur, mais, que il ne vous desplaise,
        Comment avés passez lassus?
                LE PREMIER PELERIN.
        Mon bel hoste, oncque je ne fus
1020   Si esbahi ne se dolant.
                LE HOSTE DE SAINT REMI.
        Hélas! mon hoste, [mais] commant?
        Avés eu riens que bonne encontre?
                LE SECON PELLERIN.
        Oÿ, sire; a faire brief compte,
        N'en y est [mais] ung demourez.
                L'OSTE DE SAINT REMY.
1025   Ha! Jhesus! il l'ont devorez,
        Les ennemis qui l[a] abite.
                LE PREMIER PELLERIN.
        Hoste, je vous prie que me dicte
        Que veul ce estre qui nuist?
        Guerrir le monde au jour de huy?
1030   Infer est il en celuy mont?
                LE HOSTE DE SAINT REMY.
        Par ma foy, frere, ne say dont
        Celle erreur est en celuy pas.
        Peu de gent entendent le cas;
        Mais j'ay oÿ dire es anchiens
1035   Que, avant que il fust crestiens,
        Cestuy pays ot ung ymage
        De Jupiter, le filz au deable.
        Fust la statue la fourmée,
        Ou les dyables sont demourés,
1040   Et la tieignont leur synagogue
        Les herese, dont die joje
        Que grant erreur est au pays,

1028 *Vers corrompu.* — 1038-9 *Lacune? ou corr.* ont demourée?

Car pluseurs gent si [y] sont pris
D'une maladie incurable,
Et par le conseil du deable 1045
Vont requerir ycelle ydolle;
Et la ung tient la grant escolle
De tant de maulx que c'est sans numbre.
   Le IIIe pellerin.
Lasse moy, que c'est grant encombre,
Du passage d'un tel perilz. 1050
   Le IIIIe pellerin.
Le dyable si est bien soubtis
A gent qui sont feyble de foy.
   Le Ve pellerin.
Il y a gens de bien, je croy,
Demourant en celle vallée?
   Le hoste de Sainct Remi.
Oy dya, a la cité fondée 1055
D'Oste, ou il a ung bon evesque,
Et bien des clers, comme [aussy] prebstres,
Gent de bien et d'auctorité.
   Le VIIe pellerin.
Ne sçavont il la verité
De cest dyable qui sont ycy ? 1060
   L'oste de Saint Remy.
Ouÿ, par Dieu ! n'a si hardi
Qui y ose venir combatre.
   Le VIIIe pellerin.
Il se deussont ou trois ou quatre
Mestre en bonne devocion,
Puis [ensuite] a destruction 1065
Mestre tretout ces ennemis.
   Le IXe pellerin.
Hoste, que devons, beaux amis?

1044 *Ms.* De maladie. — 1056 *Ms.* ou il y a. — 1057 *Ms.* Et bien et clers.

Comptés, et on vous payera.
                L'OSTE DE SAINT REMI.
        Chascun trois solz, qui les aura.
1070   S'il est trop, a vostre bon gré.
                LE PREMIER PELLERIN.
        Trestout a vostre volenté.
        Payés vous, et moult grant merchy.
        Nous avons esté bien servi,
        Et bon marchié, selon le lieu.
1075   Or nous en alons, de par Dieu,
        A Hoste, et la sejournerons.
                LE HOSTE DE SAINT REMI.
        Dieu gart de mal les compaignons
        Qui ainsi payont [bien] leur hoste!
                LE PREMIER PELLERIN.
        Hoste, se il vous convenoit,
1080   Vous vendrés jusque a la cité[1].
                L'OSTE DE SAINT REMI.
        Je yray de bonne volenté.
        Venés après moy, mes enfans ;
        Je me mestray trestout devant :
        Nous serons tanstost au logis.
1085   Le Val d'Oste est trés bon pays,
        Se ne fust ce dyable lassus.

1070 *Ms.* Cil. — 1079 *Ms.* se il ne vous. — 1886 *Ms.* Se ce ne.

1. Les pèlerins ne sont encore qu'à demi rassurés.

XIV

[En la ville d'Aoste.]

LE PREMIER PELLERIN.

Puisque estes si avant venus,
Devers l'evesque nous menés.
  L'OSTE DE SAINT REMI.
Tantost ly seré presentez,
Car je voy la son chapelain.   1090
Sire, cest gent si ont grant fain
De parler et voir monseigneur.
  LE CHAPELAIN DE L'EVESQUE.
Je m'y employray de bon c[u]eur.
Actendés, et je ly voy dire.
A vostre porte, mon chier sire [1],   1095
Si est l'oste de Saint Remy
Et des romier avecque luy,
Qui demandont a vous parler.
  L'EVESQUE D'OSTE.
Faictes les prestement entrer
Et venir cy a ma presence.   1100
  L'OSTE DE SAINT REMY.
A vostre digne reverence,
Monseigneur, yceulx pelerins
Sont venus, mais je ne sçay riens
Qu'i volont dire et exposer.

1104 *Ms.* ny exposer.

1. Il s'adresse à l'évêque.

1105 Vous les porrés oïr parler,
S'il vous plest, leur bonne raison.
LʼEVESQUE DʼOSTE.
Bien soiés venus, compaignons.
De quel païs estes partis?
LE PREMIER PELLERIN.
De France sommes nous natis,
1110 Et en venons, mon chier seigneur.
LʼEVESQUE DʼOSTE.
En Franche a bien gens de valeur.
Vous soiés le trés bien venu.
Or me dictes qui vous a meu
De venir vers moy, ne pour quoy.
LE PREMIER PELLERIN.
1115 Mon chier seigneur, en bonne foy,
Nous summes par ce mont passés,
Ou avons eu de mal assés.
Ne savons qu'il est devenu
Ung compaignon a nous perdu.
1120 La habitent faulx esperitz,
De nature humaine ennemis;
Et je croy qu'en ceste cité
Vous estes gens d'auctorité :
Mettés vous en devocion,
1125 A tout la crois et confacion,
Et alés ce dyable destruire.
C'est ce que nous vous volons dire,
Mon chier seigneur, ne vous desplaise.
LʼEVESQUE DʼOSTE.
Non pas, enfans; mais sui bien aise
1130 De ce que bien nous advisé.
La ou cest diable sont posé,

1108 *Ms.* estes vous partis. — 1115 *Ms.* Mon trés chier. — 1127 *Ms.* Ceste ce. — 1118-9 *P.-ê. faut-il lire* avons perdu *et intervertir les deux vers*. — 1128 *Ms.* Mon trés chier.

C'est en l'eveschié de Sion[1] :
Pour quoy ore nous vous disons
Que a leur appartient l'office.
Le premier pelerin.
Celuy passage est plus propice 1135
A ceulx d'Oste qu'a aultre gent.
Pour Dieu, soiés tous diligent
De mestre estat en ce perilz.
L'evesque d'Oste.
Il fauldroit ung home soubtilz.
Alé querir l'archidiaque. 1140
Foy que je doibt monsieur sainct Jaque,
Il y a une grant erreur.
Le chapellan.
Je le voir querir, monseignieur.

Adont s'en va à l'archediaque et luy dist :

Nostre evesque oure vous demande
Pour une besongne assés grande ; 1145
Venés vous en tout prestement.
L'archediaque d'Oste.
Je y voy ore de present.
Monseignieur, Dieu vous tiengne en grace !
L'evesque d'Oste.
Archediaque, et vous sy face !
Je vous ay cy mandés querir, 1150
Car ces gens ont volu venir
Devers moy pour une matere
A che païs dure et amere :
C'est pour l'estatue lassus
De Jupiter, filz Saturnus, 1155
En laquelle li ennemis

1144 *Ms.* L'evesque. — 1151 ont, *ms.* sont.

1. Quoique beaucoup plus rapproché d'Aoste, le Mont-Joux ou Grand-Saint-Bernard appartient à la Suisse ; la frontière italienne se trouve un peu au-dessous, sur le versant méridional.

De la crestianté se sont mis
A destruire et mestre en erreurs
Tout ces païs, dont grant doleurs
1160 En avons et melancolie;
Et ly ung de leur compaignie
Y est demouré en payage.

   L'ARCHEDIAQUE.
Monseignieur, c'est ung trés grant gage;
Dieu les veulle resconforter.
1165 Aultre confort ne sçay donner,
Se non que d'avoir pacience.
Nostre Seigneur pour sa clemence
I porvoie pour le meilleur!

   LE PREMIER PELLERIN.
Vous qui estes si serviteur,
1170 Priez pour nous. A Dieu soyés;
Nous nous en sumes acquité,
Et pour tam a Dieu vous commant.

   L'EVESQUE.
A Dieu soyés tous, my enfant,
Qui vous garde d'encombrement.

   LE OSTE DE SAINCT REMY.
1175 Je suis a vous commandement,
Pellerins; quand vous tornerés
A mon oste, receu serés
Et aurés bonne compaignie.

   LE PREMIER PELLERIN.
Nostre hoste, je vous remarcie.
1180 Jusque a Romme ne resterons,
Pour aquirir le grant pardons;
Aussy l'avons nous en panssée.

     Et s'en vont ly pellerin.
Silete.

1165 *Ms.* ne vous sçay donner. — 1168 *Ms.* I pouroie.

L'evesque.

Archidiaque, en verité,
C'est ung cas qui est bien terrible,
A passer celluy lieu horrible 1185
De Mont Jo, tant est perillieux.

L'archidiaque.

C'est ung paissaige mervilieux.
Nulz remede ne s'y peulz mectre,
Synon Dieu, a qui le remecte :
Or y pourvoye sy luy plest! 1190

L'evesque.

Archidiaque, sans arez
Mectre nous fault en oroysons
Et en humble devocion,
Pour empetrer dever Dieu grace
[Et] que celle erreur ung efface 1195
De cest païs, car tam de maulx,
Tant de crueux herege faux
[Et] ydolatre hors de foy
Tout corrumpue il ont la loy
Et mis en peril maint cristiens. 1200

L'archidiaque.

Encore y a preu de pay[e]ns,
Monseignieur, par ceste montaignie,
Qui ont de créances estrange;
Biem bessoing avons de secors.

L'evesque.

Noustre terme si est si cours, 1205
Et nul ne pense a rendre fin[1].

L'archidiaque.

Monseignieur, je suis au chemin
Et prest de mon diffinemant;

1188 s'y, ms. cy.

1. Rendre fin veut dire ici rendre compte.

Je suys viel, au commandement
1210 De mon Createur actendant.
Je vous prie, soyés commandant
A la clergie, a la commune
Qu'il soyent apresté tout digne.
Volantier feray penitence.
1215 Que Dieu aye de nous souvenance
Et nous envoye bon confort!
   L'EVESQUE.
Par ma fois, je suis [bien] d'acourt;
Je le feray a mon pouoir.
   L'ARCHIDIAQUE.
Or faise chescun son debvoir.
1220 A Dieu, monseignieur, je m'en vois.
   L'EVESQUE.
A Dieu, syre; par vostre foys,
Priez pour nous, et je ossy
Prieray Dieu que de soussy
Nous garde [et] de temptacion.
   Silete.

XV

[L'oratoire de l'archidiacre.]

L'ARCHIDIAQUE *dist a genoux l'oroyson.*
1225 JHESUS, qui soufry passion
 Pour sauvé tout humain ligniage,
 Or escute mon oroyson,
Que je te fayt en brief lengaige.
Tu as delivré de servage
1230 L'omme pour ta misericorde;

Pour trestout payas le peage :
A Dieu le pere fis l'acorde.

Dieu le pere, souverain roy,
Je te prie, plaise moy entendre :
C'est que ta saincte et bonne foy   1235
Tu vuelle contre toust deffendre ;
Car le dyable se veult comprandre
Ton peuple, decepvoir et dampner.
Laisse ta grace ycy descendre
Et toust nous pechié pardonner.   1240

Pardonner vuelles nous pechié,
Je le te supplic humblemant,
Affin que soyons despachié
De l'ennemy, qui plainnemant
Destruit ton peuple, vainement   1245
Creant par sa grande folie.
Donne nous quelque alegement,
Je le te prie, vierge Marie.

Vierge Marie glorieuse,
Requier ouré ton chier enfant.   1250
Tu es tam doulce et tam piteuse !
Riens ne te seras reffusant.
Tu voys ton peuple perissant
De jour en jour pour folle creance ;
Ton esglise ung va destruysant,   1255
Se tu n'y met bonne deffence.

Bonne deffence, doulce mere,
Vers ton enfant empetreras,

1232 fis, *ms.* filz. — 1238. Ton, *ms.* toust. — 1239 *Ms.* deffendre. — 1245 ton, *ms.* toust. — 1250 ton, *ms.* toust. — 1253 *Sic; vers trop long.*

Qu'i nous trahie de la misere.
1260 Nostre advocate tu seras,
Et humblemant luy prieras
Qu'il nous aye pour recomandé.
Par ta priere destruyras
L'ennemis qui nous az navré.

1265 Navré sumes jusque a la mort,
Se tu ne nous est en aÿe.
Tu es fontaine de confort
Et de tout bien, vierge Marie;
Par toy toute humainne lignie
1270 Est restaurée en son païs
Dont elle fust premier partie,
C'est la gloyre de paradix.

NOSTRE DAME *a genoux devant Dieu.*
Biau filz, avés ouy les dis
Et oroyson de cest bon prebstre,
1275 Qui jamais de prier ne reste.
Qu'il vous plaise d'avoir pitié
Du peuple qui est mamené
En la Val d'Oste et d'environ,
Pour la mavaise abusion
1280 De l'ydole de Jupiter
Ramply du dyable [de l'enfer],
Qui abuse les simple gens.
DIEU.
Belle mere, trop bien j'entens
Vostre requeste belle et bonne.
1285 Vous voulé oure que pardonne
Les pechiés a ces gens la jus
De la Val d'Oste, qui perdus

1275 *Ms.* ne cesse. *Cf. le vers* 1303. — 1286 *Ms.* asses gens.

Sont quasi a destruction.
L'archidiaque, bon prodon,
Le requiert moult devotemant. 1290
Pour vostre ameur, je suis contant
D'y porvoir brief pour bon advis :
Ung homme ly sera tramis
Qui leur ostera ce peril.
Se Jupiter est bien soubtif, 1295
Ma puissance va par dessus.
Levé sus, mere, levé sus;
Je suys content de vous complaire.
NOSTRE DAME.
Mon trés chier enfant debonnayre,
Je vous remarcie humblemant. 1300
DIEU.
Gabriel, va incontinant
La jus en terre, vers ung prebstre
Qui de prier jamais ne reste
Pour le peuple de la Val d'Oste,
En suppliant que je leur oste 1305
De Jupiter la grant ydole,
Qui [tous] le simple gens afole
Et met en trés grant hirisie.
Tu le y dyras que j'ay oÿe
Sa priere, et [que] la requeste 1310
De ma mere elle sera faicte
Prochainnemant et acomplie.
Il viendra de bonne lignie
Ung devost homme bien briefment,
Qui leur donra alegement. 1315
Or va tost et si le confourte;
Bonne nouvelle ly apourte,
Tant qu'i soit trés bien resjoy.

1309 *Ms.* dyray. — 1317 *Ms.* Et bonne.

GABRIEL.

Dieu tout puissant, j'ay bien oÿ
1320 Et entendu vostre voloir.
Je vès l'archidiaque voir,
Qui est en contemplacion.
Nostre Seignieur ton oroyson [1]
A entendu et la priere
1325 De celle qui est tresoriere
De grace et de misericorde,
Et a ta requeste s'acorde.
Cilz païs sera confourté
D'un homme plain de grant bonté,
1330 Qui deslivrera le passaige
Et le païs de celle ymage;
Dieu ne veult qu'elle regne plus.

L'ARCHIDIAQUE.

Je toy remarcie, roy Jhesus,
De ta grant consolacion.
1335 S'il te plait, tu dyras ton non,
Messagier qui dy les nouvelle.

GABRIEL.

Gabriel; anssy on m'apelle.
Je m'en [re]tourne en paradix,
Et ne soyes ja sy hardy
1340 De dire a nul ceste nouvelle.

L'ARCHIDIAQUE.

Ha! mon bon angel Gabriel,
Nostre Seignieur pour sa doulceurs
A oÿ ung pouvre pechieurs.
Begny soit Dieu et Nostre Dame,
1345 Qui gar ses amis de diffame!
A ly me veult recomander.

Silete.

1345 ses, *ms.* ce.

1. Il s'adresse à l'archidiacre.

XVI

[Au château de Miolan.]

LE SEIGNEUR DE MYOLANS.
Il me fauldra ung po muser
A la feste que j'ay affaire.
Il fault avoir pris painne et hayre
Pour avoir les honneurs [acquis].   1350
Puisque le jour az esté pris
De nopces, il fault adviser
De tous nostres amis mander.
Myolans, venés tost avant;
Faire vous fault un chemin grant.   1355
Adrechiers fauldra vostre voye
Pour tout les bon lieu de Savoye,
Vez cy les lettres es seignieur
Et les noms de aultre plusieurs.
Ne me laissé nulz gentilz homme   1360
Que ne segmoniés tost en summe
Ad dimenche. Fais bon debvoir [1].

MYOLANS MESSAGER.
Monseignieur, vous poués sçavoir

1349 *Ms.* par painne et hayre.

[1]. On peut rapprocher cette convocation des vers d'un sermonnaire anonyme du XIIIe siècle (ms. lat. 16498 de la Bibl. nat.) :

« Quant gens de grant paraige se vuelent marier,
« Se semonent grans gens pour estre a l'espouser ;
« Et de tant com semonent gens de plus grant valeur,
« Est la feste plus grande et si ont plus d'onneur. »

  Que feray vous commandement;
1365 Et tantost feray partemant,
  Pour estre plus tost revenus.

    LE SEIGNEUR DE MYOLANS.

  Je te seray bien entenus
  Se tu es oure diligent.

    MYOLANS MESSAGER.

  Je chemeneray comment vent
1370 Et compleray vostre message.
  J'ay bien fait de aultre voeage!
  Mais ne resteray nulle part.
  Je croy qu'i est jam ung peu tart:
  Adieu vous dist jusque au retours.

    LE SEIGNEUR DE MYOLANS.

1375 Mon escuier, et nuyt et jours
  Fault apparelier les logis
  Pour les grans et pour les petis.
  Je veu que toust soyent receu
  Haultemant. Avés entendu?
1380 Vous, dames et les damoyselle [1],
  Qu'elles soient parées et belle,
  Les chambre, et courtine tendue.

    LA DAME DE MYOLANS.

  Elle se sont ja entendue,
  Grans temps a, a tout mectre a point.
1385 Il n'y fauldra ja ung seult point,
  Se Dieu plait; n'y aura que dire,
  Et bon voloir avons, chier sire,
  De recepvoir vous bons amis.

    LE SEIGNIEUR DE MYOLANS.

  C'est bien dist, car mon cuer a mis
1390 En son prepos de festier.

1367 *Ms.* sera. — 1372 *Ms.* Jamais ne. — 1382. *Ms.* tendre.

1. Les damoiselles, c'est-à-dire les suivantes.

Il fauldra faire chaissier,
Avoir de toute venoyson,
Perdis, faysans, lyvres, oysons
Et de toute aultre sauvagine.
   L'ESCUIER.
S'il venoyent roy et royne,   1395
Se seront il bien festiez.
Vous avés froment et vim viel
Et aultre bien en habundance.
   Silete.

XVII

[Au château de Menthon.]

LE SEIGNIEUR DE MENTON.

Feyre fault feste az alegrance
 De la venue de no fillie.   1400
 Par la foy que je doybt sainct Gile,
Je veul voir mes amis trestout.
Mon purfement [1], ou este vous ?
Aler vous fault pour Genevès [2]
Pourté lettres pour tous les [mès]   1405
A nous parens et nous amys :
Qu'i soyent icy au terme mis,
Qu'on doibt ma fillie icy conduire;
Et de bouche leurs pourrés dire
Que je leur prie que dimenche   1410

---

1. Corruption de truchement?
2. Menthon se trouve dans l'ancien cõmté de Genevois.

Soyent icy, avant qu'on commance
La messe, pour estre au digner.
Et aussy vous fauldra aller
A Genève, vers mon seignieur
1415 L'evesque, qu'il me fasse honneur
D'espouser nous gens, sy luy plest.

MENTON MESSAGER.

Je m'en voy, sans ja faire arest,
Ballier les lettres bien cellée.

LE SEIGNIEUR DE MENTON.

Ne faicte pas grant demeurée
1420 Par cest chastiaux ; soyés apert.

MENTON MESSAGER.

Je seray oure plus apert
Qu'ung lyevrier. Ore a Dieu soyés.

LE SEIGNIEUR DE MENTON.

Meistre d'ostel, or despachiez.
A Genève aussi vous yrés,
1425 Et de trestout nous furnyrés,
De fins draps, aussy de damas,
De velous et de fins cendalz
De carmesim, forreure fines,
De gris, de martres et d'erminnes,
1430 De chaynne d'or, aussy d'affiques,
De tessu fins, de bonnes....
De Paris et d'especerie,
Gingibre, seucres et dragie,
De toute chouses neccessayre
1435 Qu'il apartient a tel afayre.
Veé vous cy troys mille ducas :
N'esparniés rien, [selon] le cas
Que verrés que fayra mestier.

1419 *Ms.* demeure. — 1430 affiques, *ms.* aufriques. — 1431 *Le mot de la rime manque.* — 1438 *Ms.* Que vous verrés.

LE MAISTRE D'OSTEL.
Ne voulé vous aultre dictier?
Près suis de monté a cheval. 1440
LE SEIGNIEUR DE MENTON.
Tenés cestuy memorial [1] :
Anssy ne vous pourré faillir.
LE MAISTRE D'OSTEL.
Dieu veulle qu'en puisse saillir
A honneur et bien exploytier.
LE SEIGNIEUR DE MENTON.
Faicte venir le cuysiner : 1445
Se deviserons d'entremès.
LE CUYSINER DE MENTON.
Veés me cy, mon seignieur, toust prest;
Que vous plaist [il] de deviser?
LE SEIGNIEUR DE MENTON.
Mon amy, il fault adviser,
Devant le cop, qu'on mengeraz 1450
Au nopces, quelz mez on fera;
Car je vuel servir grandemant.
LE CUYSINIER.
Nous avons tant habundament
De tous bien, que ne fault doubter.
Il fauldra largement boucter 1455
Cuyre de boilly et rosti,
De blant mangier, pastez aussy
De hasteriaulz et de luannes.
Vous avés d'oisons et de cannes;
Et de livre on fera cyvés, 1460
Puis tresmoulletes en socrez.
Sera toust ad mode de court.
Largement, coment l'aygue cort,
Fauldra cleyré et ypocras.

1459 *Ms.* diosons.

1. Il lui remet une liste ou un carnet.

LE SEIGNIEUR DE MENTON.

1465 Je te promès que tu auras
Une rombe de ma livrée
Se tu sers bien celle journée;
Tu me feras ung grant plaisir.
Mon escuier, il fault furnir
1470 Sales et chambre noblemant
De toust les draps de parement,
Pour recepvoir nostres amis.
De biens que Dieu nous az tramis
Fault despendre assés largement.
1475 Bernard, de vostre habilliement
Que ne pensés vous orendroit
Que soyés habilliez a droit?
Dimenche fault complir vous nopce,
[Et] ce seroit moult grant reproche
1480 Se n'estiés vestu noblemant.

SAINCT BERNARD.

Mon seignieur, vostre parlemant
Est notable et [bien] gracieulx;
Mès il me semble que coiteux
Vous este de moy marié.

LE SEIGNIEUR DE MENTON.

1485 Coment dya? voulé omblier
Les promesses qu[e] avés faictes?
Ne fault il acomplir la feste,
Puisqu'elle est aussy comenc[i]ée?
Vous devés fayre chiere ly[é]e
1490 Et tenir plus joyeusement.

SAINCT BERNARD.

J'ameroy myeulx en ung convant
Estre encloystré qu'en cel estat.

LE SEIGNIEUR DE MENTON.

Par l'ame que ou corps me bat,

1467 Ms. Ce. — 1478 Ms. acomplir.

Se ne faicte plus tel mani[e]res.
Mieulx vouldroye que eusses le fievres, 1495
Que me feré plus courrousier.
            SAINCT BERNARD.
Je ne cuydoye jamais touchier
A femme par charnalité;
Mais, pour complir voz volunté,
Fayre me faut tout au contraire. 1500
        LE SEIGNIEUR DE MENTON.
Il fault complir cestuy affayre...
Quam vous aurés dormi assés,
Vous serés demain plus galiart.
Alez ung peu dormi, Bernard,
Et demain soyés appresté, 1505
Bien matim a cheval monté,
A l'encontre de vostre femme.
            SAINCT BERNARD.
Seignieur, je prie a Nostre Dame
Que bonne nuyt vous soit donnée.
Meistre [1], je veult ceste vesprée 1510
Dormir soullet, ne vous desplaise.
            LE DOCTEUR.
Or dormés trestout a vostre ayse;
Je m'en vay trouver aultre place.
Je prie a Jhesus qu'i vous face
Du bien [et] a l'ame et ou corps : 1515
Vous estes tout nostre confort;
Dieu vous doint la trés bonne nuyt [2].

1494 *Ms.* Ce me faicte. — 1500 *Ms.* Fayre me faute du contrahire. — 1501 *Il manque au moins un vers après celui-ci.*

1. Il parle à son précepteur.
2. L'auteur du Mystère rentre ici dans le récit de Richard de la Val-d'Isère : « *Ast Bernardus, in his fastidiosus, et ingrata gerens prædicta, ostendens se fessum esse, cœna completa, soli [Deo] patri se detegens, reductus est ad cameram, in quâ solus, more suo solito, secreto peroravit in hæc verba...* » (*Acta Sanctorum junii*, II, 1075.)

LE FOL.

Je vouldroit bien qu'il fussent tuit
Desmarié; j'em vauldroit myeulx.
1520 Je ne sçay pourquoy a fait Dieu
Tant de gent mal avisagié.
Tel est aucune foys bien liés
Quam sa femme meurt ou s'esrage.
Et qui feroit nostre menage,
1525 Si elle moroit, ma maiour?
De l'ascencion le droit jour
Fust le jeudi. A noustre ville,
Il [y] avoit plus de dix mille
Mal marié, sans le culcu.

XVIII

[La chambre de S. Bernard.]

Puis sainct Bernard dist a genoux :
SAINCT BERNARD.
1530   C*ONDITOR dulcis siderum,*
    Eterna lux credencium,
    Christe, redemptor omnium,
Exaudi servulum tuum.
Inclina aurem tuam mihi,
1535 *Et fac secundum multitudinem miseracionum*
Qui non deseris sperantes in te,   [*tuarum.*
Libera me de laqueo venancium [1].

1523 *Ms.* zesrage. — 1525 *Ms.* Celle. — 1526 *Ms.* Le droit jour de la scen noz. — 1536 *Ms.* sperantis.

1. Cette prière latine qui est le début d'une hymne bien connue

Sire Dieu, pour ta grant puissance
Qui as creé toute substance,
Le solois [et] estuelle et lune, 1540
Et as donné droit a chascune
Sa viertu et sa clareté
Pour servir a l'umanité,
Tu es la plus haulte lumyere
A cieulx qui ont creance enti[e]re; 1545
Tu es nostre vray redemptor
Et nostre souverain seignieur.
Escute moy, je le te prie,
Nonobstant que je ne suis mye
Digne d'estre ton serviteur. 1550
Je te supplie, pour la grandeur
De ta doulce misericorde,
Oste moy le las et la corde
Du col, car je suys presque prist.
Jamays nully ne fust peril 1555
Qui se confia en ta grace.

Puys a sainct Nycholas fait oroyson [comme] s'ensuys:

O dulcissime pastor, sancte presul,
Meum apud Deum et beatiss[imam ejus matrem]
Tutissimum refugium,
Per tua sanctissima mer[ita], 1560
Queso, deprecare
Ut repellens ista m[undialia]
Michi pro terr[enis tribuat celestia] [1].

1547 *Ms.* Tu es nostre.

(Mone, *Lat. Hymen*, I, 49) est mise textuellement dans la bouche de Bernard par son biographe. *(Ibid.)* Les vers qui suivent n'en sont que la paraphrase.

1. Cette invocation à S. Nicolas se trouve également dans Richard de la Val-d'Isère. *(Ibid.)* Une déchirure du manuscrit, portant sur plusieurs feuillets, nous prive d'une partie de la paraphrase qui la suivait, ainsi que de la fin de la scène, où Bernard, après avoir

. . . .
. . . .
De peril mon corps et mon ame,
1565 Que de prier son filz entende,
Affin que ma vie s'amende,
. . . soye mis en grace.
. . . nemy ne fait que tendre
. . . . oubtrayre de sa face
1570 . . . . createur
. . . . la vision
. . . . teur
. . . . rion.
. . . .
. . . .

[SAINT NICOLAS.]
Dame qui as ostey la guerre
1575 Et acordé nature humainne,
Dame de toute grace plenne,
Sur toute begnye et louée,
Dames sur toutes honnorée,
Ton serviteur, bonne personne,
1580 Qui a toy se rem et se donne
Bernard de Menton il . . .
Lequel et nuyt et jour . . .
D'estre epousez e. . . . . .
Dame, tu ly so . . . . . .
1585 Vers ton . . . .
[NOSTRE DAME.]
. . . .
. . . .
Et mectre toute mon entente

laissé une lettre à l'adresse de ses parents, s'élance par la fenêtre de sa chambre et prend la fuite. Je reproduis les vers ou les fragments de vers qui n'ont pas été enlevés ; mais les lacunes sont trop grandes pour que l'on puisse tenter une restitution quelconque.

Vers mon filz a prier pour luy.
Adont se met a genoux en presentant sainct Nycholas.

. . . Nycholas, mon amy,
. . . qui me prier pour Bernard
. . . . . it de sa part   1590
. . . . . es az misericorde
. . . . . ier de tout l'orde
. . . . . . ton serviteur
. . . . cuer
. . . .

[Saint Bernard.]
. . . .

Partir me fault de   1595
Et aler au cou . . . .
De Dieu le p . . . .
Prendés cou . . . .
Je vous o . . . .
Je renon   1600
Deme . . . .
Jes en [1]. . . . .
. . . .
. . . .

---

1. Ces huit vers mutilés appartiennent à la lettre de Bernard. Le sens en est facile à comprendre, surtout si l'on se reporte au texte de Richard dont ils sont la reproduction. « *Et accipiens calamum, schedulam scripsit in hæc verba: O parentes dulcissimi, gaudeatis, rogo vos. Rex Salvator conduxit me; vado secum salvari: nec ultra me perquiratis, nec tales sumptus faciatis. De me ultra non curetis: nolo sponsam ducere, nec regere terrena, sed cœlum ascendere. Hæc ipse Bernardus. Quâ scripturâ appositâ in loco apparentiori sui oratorii, omnibus jam nocte profundâ in lectulis soporantibus, Bernardus per devia concitato gressu festinavit in Augustam.* » (*Acta SS. junii*, II, 1075.)

XIX

[A la porte d'Aoste.]

[Saint Nicolas, *à l'archidiacre d'Aoste* [1].]

. . . .

Va t'am tantost divers la pourte
Vendainne [2] et en Dieu le confourte :
1605   C'est celluy qui doibt enchaissier
Du païs le dyable d'infert.
Resois le et fais bonne chiere,
Et ly ensoignie la manire
Du sainct service de l'eglise,
1610   Car en Dieu az s'entente mise.
Il sera [puis] ton succeseurs :
Bien est digne d'avoir honeur.
Fais ton debvoir, car Dieu le veult.
        L'archidyaque.
Ha! vray Dieu, [de] qui tout bien meuz,
1615   Tu soyes begni et loués!
Bien est rayson que honnorés
Soit ton serviteur, je le voy.
Cler, [ça] venés avecques moy
A l'encontre de ce sainct homme.
        Sainct Bernard *au gaignieur.*
1620   Dieu vous dont bon jour, bon prodomme.

1619 ce, *ms.* se.

1. Il manque encore les premiers vers de cette scène.
2. Il faut sans doute corriger *Vaudane.* C'est le nom de la porte occidentale d'Aoste.

En quel païs suy ge arivez?
Qu'i a d'ycy a la cité
D'Oste? Soy ge bien en chemin?
  Le gaigneurs.
Oÿ, sire, par sainct Martin.
Il n'y a ci que demy lie.   1625
  Sainct Bernard.
Amis, Dieu te soit en aÿe!
Cognoy tu point l'archidyaque?
  Le gaignieur.
Il demeure prest de la place,
La, derrire le cemetere.
Je ne sçay se on l'apelle Piere   1630
Ou Johan; j'ay omblier son non.
Mais on dist quil est bien prodon.
Je ne le cognois aultrement.
  Sainct Bernard.
Mon amy, tu dist sagement.
On doit loer trestout le bons.   1635
  Le gaignieurs.
Vous este biaux et joennes homs!
Que voulé faire de cest prebstre?
Il vous seroit trop mieulx a estre
A cheval sur ung bon destrier
Que jambeïr pour le mostier: 1640
Il en y a bien d'aultre [gent].
  Sainct Bernard.
Mon amy, a Dieu te commant.
Dieu te dont fayre son service!
  Le gaignieurs.
Heé! qu'il me fait bien l'ypocrite!
Le gaillaut est il bien piteux!   1645

1625 *Ms.* Il n'y a sire que. — 1626 *Ms.* ayde. — 1631 Johan *ne fait qu'une syllabe.* — 1635 *Ms.* loir. — 1641 *Ms.* Il en y a encore d'aultre. — 1643 *Ms.* ton service. — 1645 *Cf. le vers* 329.

S'il se trouvoyt au boys toust seuz
Avec quéque belle filiete,
Il luy euseroit sa tablete.
Il est bien taillié d'estre evesque !
  L'ARCHIDYAQUE.
1650 Je ne sçay si est clers ou prebstre,
Je voy venir unne personne.
Biaulx fils, je prie Dieu qu'i vous donne
Acomplir [toust] vostre desir.
  SAINCT BERNARD.
Et vous si face, a son plaisir.
1655 Mon seignieur, Dieu vous dont s'ameurs.
  L'ARCHIDYAQUE.
Et a vous croyse tous honneur.
S'il vous plest, [dictes] voustre non.
  SAINCT BERNARD.
Je suis du païs de Menton ;
Filz d'ung pouvre homme suis nourris [1].
  L'ARCHIDYAQUE.
1660 Nostre Seignieur vous az tramis
En celle cité desoulée.
Vous viendré fayre demeurée
Avesque moy : se parlerons
Ensemble, et nous deviserons
1665 Plus a plain, et je vous en prie.
  SAINCT BERNARD.
Mon seignieur, ne refuse mie
Le bien que vous plest a moy fère.
  L'ARCHIDYAQUE.
Mon trés chier enfant debonayre,
Je sçay bien dont vous fuste nez,

1647 *Ms.* Avesque. — 1648 *Corr.* auseroit? — 1654 *Ms.* par son plaisir. — 1656 *Ms.* acroyse. 1662 *Ms.* demeure. *Cf. le vers* 1419. — 1663 se, *ms.* ce.

1. Bernard dissimule son rang par prudence ou par humilité.

Et sains cause le me cellé. 1670
Vous este filz de grant baron,
Richart le seignieur de Menton :
N'est il vrai, ce que je vous dy ?
      Sainct Bernard.
Mon seignieur, je vous crie marcy.
Que je ne sçoye oure accusez, 1675
Car, se j'estoie ja trouvez
De mes amis, je suis deffest.
      L'archidyaque.
Ne vous chaillie, car sains arest
Ordre prendré, et *in sacris*
Entrerés. Mon seignieur a pris 1680
Au jour de huy [mesme] de feyre orde.
      Sainct Bernard.
A vostre bon conseil m'acorde ;
C'est de vostre grace benigne.
Nonobstant je ne suis pas digne
D'avoir tam de honneur. 1685
      L'archidyaque.
                Ha ! Bernard,
Venu este de bonne part.
Vous [aurons], avant qu'i soit nonne,
Se Dieu plest, pour nostre chaynonne
Recheu [par] dedans nostre eglise,
Car l'eure de chapitre est prise 1690
A fayre vostre election.
Se je puis a m'entention
Parvenir, vous scerés eslit.
Nous en yrons tous sains respit
Vers mon seignieur vous presenter, 1695
Pour vous prestrer et ordonner :
Il le fera de trés bon cuer.

1676 se, *ms.* cest.

XX

[A l'évêché d'Aoste.]

[L'ARCHIDYAQUE, *a l'evesque.*]
Dieu vous dont bon jour, mon seignieur,
Et toute vostre compaignie.
L'EVESQUE D'OSTE.
1700 Et vous aussy dont bonne vie,
Archidyaque, et vous, mon filz.
L'ARCHIDIAQUE.
Mon seignieur, je suis resjoÿ
De cest enfant de noble lieu,
Qui se veult mestre a servir Dieu
1705 Et l'eglise de Noustre Dame.
L'EVESQUE.
J'em suys bien joyeulx, pour mon ame.
Il soit bien venu avec nous.
Mon bel enfant, dont este vous?
Sil vous plest, dicte vostre non.
L'ARCHIDIAQUE.
1710 On ly dist Bernard de Menton,
Filz de Richar, bon chevalier.
L'EVESQUE
Hélas! mon filz, voulés laissier
[Voz fiefz] pour estre chapellain?
SAINCT BERNARD.
Oÿ, mon seignieur, de certain,
1715 S'il vous plest de moy recepvoir.

1707 *Ms.* avesque.

L'evesque.
Mès en doibs moult grant joye avoir,
D'avoir tel gens en mon eglise.
Begny soit Dieu qui vous a mise
La volunté de le servir.
Par ma foy, j'aroye desir   1720
Que [vous] fussés bennificés.
    L'archidiaque.
Mon seignieur, se bien vous vouliés
Aydier vous avec le chapitre,
Il aroit tantost ung bon titre :
Chanoyne seroit a celle eure.   1725
    L'evesque.
Par ma foy, en moy ne demeure ;
Je m'en aydiré voluntier.
    L'archidyaque *dist a son clerc.*
Or alés voir se ly monstier
Est ouvrés [1], et sonné chapitre ;
Et es chanoynes aussy dicte   1730
Que mon seignieur ci il veult estre.
    Le clerc.
Je y voy voir se l'eure est preste
Vers le chanoyne qui son la.
Mes seignieur, quam heura sera
De chappitre, se le mandé   1735
A mon seignieur, car vous l'aurés ;
[Et] mon meistre aussy est present.
    Le premier chanoyne.
Qu'il viegnie dont incontinant :
Il vous actende[nt] au dist lyeulx.
    L'evesque.
Or y alons dont, de par Dieu,   1740
Archidiaque, et vous, Bernard.

1720 aroye, *ms.* avoye. — 1723 *Ms.* avesque. — 1731 ci, *ms.* si.
1. Cette scène et la précédente se passent de grand matin.

L'ARCHIDIAQUE.
Alons, que Dieu ait bonne part
Et nous doint trés bien bessognier!

XXI

[En chapitre.]

L'EVESQUE *adont entre* [*au*] *chapitre.*
   Seigneur chanoyne du monstier,
1745 Bon jour, bon an vous soit donné.
        LE PREMIER CHANOYNE.
Vous soyés le bien arrivez,
Mon seignieur; soyés vous dessus.
        L'EVESQUE.
Or cza, nous sumes cy venus
Pour vous espouser et requerre,
1750 Et trestout par bon conseil fayre,
D'une bessoigne que dira
L'archidiaque, qui m'en a
Parlé, anssy que vous aurrez.
Archidyaque, vous dyré
1755 Et ferez cestuy parlement.
        L'ARCHIDYAQUE.
Il est de voz comandement,
Mon seignieur : a correction,

1744 *Ms.* monestier. — 1747 *Ms.* au dessus. — 1749 *Ms.* requecter. — 1755 *Ms.* feray.

De vous dyray l'entencion
Anssy qu'avons [ja] proposé.
Mes seignieur, il est verité   1760
Qu'il est vacant une chanonie
Et une prebende assés bonne.
Pourquoy que nous avons desir
De celle eglise maintenir,
Entre nous avisez avons,   1765
Quam le seignieurs et compaignions
Sont de melieurs lieu descendu,
[Qu'] il sont de tous plus chier tenu.
C'est rayson pour que je ly dy,
Que arivez est ung au jour de huy,   1770
Ung enfant noble, de science
Rampli et de moult grant prodence,
[Et] nefz de la propre mayson
Et seigniorie de Menton.
S'il vous plest trestout acorder   1775
Et celle prebende donner,
Je vous en prie de par luy.
   L'evesque.
Mes biaulx freres, et moy aussy,
Que l'ayés pour recomandez.
   Le premier chanoinne.
Est yl de vous examinez ?   1780
Vous appart il bien souffisant ?
   L'archidyaque.
Or pleust a Dieu que je sceus tant
De drois et de theologie!
Et si est de noble lignie,
Come j'ay dist ; j'en suis certains.   1785
   Le iie chanoinne.
Je le voy assés bien, compains.
Dieu voellie que soit aussi bon !
   L'archydiaque.
Je vous asseure que c'est don

Du Sainct Esprit qui cy l'envoie.
LE IIIe CHANOINNE.
1790 Nous en devons toust avoir joye,
S'il estoit bel et bon et saige.
LE IIIIe CHANOINNE.
Il pourte assés ung bon visaige;
Je croys qu'i fera bonne fin.
L'EVESQUE.
Nous sumes tous en bon chemin.
1795 Chascun dist son oppinion :
Tam que a moy, m'entencion
Et mon coraige je ly ay.
LE PREMIER CHANOINNE.
Mon seignieur, ne vous desdiray,
Car je ly donne aussi ma voix.
LE SECON CHANOINNE.
1800 Par ma foy, en luy je ne voys
Chousse pour quoy soit de reffus.
Il est bon clert, [et] du surplus
[Est] bien talié de feyre bien.
LE IIIe CHANOINNE.
Et je aussy ne change riens,
1805 Non obstant que j'estoys requis
Pour ung qui est de bons amys;
Mays je m'en taise de present.
LE IIIIe CHANOINNE.
Puisque chascuns cy yl consent,
Je ne vouldroy riens contredire.
L'ARCHIDYAQUE.
1810 Mes seignieur, tous Dieu le vous mire!
Election mays on ne fit
Au pays de plus grant profit;
Et retenés ce que je dis :
Dieu tout puissant de paradix

1789 *Ms.* Esperit ... sy. — 1808 cy, *ms.* sy. — 1813 *Ms.* se que.

Prouvoit ¹ en tout quam il ly plest. 1815
Demandé Bernard sans arest ;
Qu'i viegnie maintenant ycy.
 Le clerc *a saint Bernard dy* :
Bernard ! Mes seignieur, vez le cy.
Entré dedans joyeusement.
  Sainct Bernard.
Celluy qui fist le firmament, 1820
Mes seignieur, vous dont bonne vie.
  L'evesque.
Regraciez la compaignie,
Bernard : toust ces sire chanoinne
On regardé vostre personne
Et consideré toust l'estat 1825
Dont este partiz sans barat ;
Mays, pour voix du Sainct Esperit,
Pour chanoinne vous ont eslit.
Dont fauldra, au comancement,
Que vous faicte le serement 1830
Qu'il apartient a tel office.
  Sainct Bernard.
Mes bon seignieur, cestuy service
Que fait m'avez n'è pas petit,
Que m'avés en chanoinne eslit.
Je vous marcie trés humblement. 1835
  L'archidyaque.
Messire Bernard, de present
Je vous vesteray le surplis
Et celle ambaince ² de fin gris.
Pour chanoinne vous recepvons,

1833 avez, *ms.* avait. — 1837 *Ms.* surpellis.

1. Pourvoit.

2. *Ambaince* est évidemment une altération du mot *aumusse*. Ce vêtement était, comme l'on sait, toujours en fourrure, et constituait l'insigne particulier des chanoines.

1840 Et a haulte voix chanteron
Ensemble, sans feyre reffus,
A Dieu *Te, Deum, laudamus* [1].

XXII

[Intermède.]

Le meneur du jeu.

Mes seigneur [2], vous n'en aurez plus
Pour le present de nostre hystoire,
1845 Car nostre petite memoire
Ne vous pourroy pas exposer ;
Dont nostre jeu entrepouser
Il le nous fault jusque a demain.

---

1. On a ici, en abrégé, un aperçu des formalités et des cérémonies que comportait la réception d'un chanoine, bien qu'on ne procédât pas souvent avec cette rapidité. Le fond de cette scène et des deux précédentes est, du reste, emprunté à la légende de Richard de la Val-d'Isère : « *Sanctum Bernardum in ecclesiâ Augustensi, ejus ibidem completâ oratione, vir bonus Petrus archidiaconus devotionis fervore, modestiâ verbali, dulcedine Domini reclinatum et necessariis alimentis, quibus famelicus egebat, refocillatum allocutus est ; amboque mutuo, quis unus et quis alius, detegens, de peractis et agendis plene simul concluserunt. Bernardus tunc, suppositis ecclesiæ per archidiaconum [præsentatus et clericus] ordinatus, vestimentum pro clero cathedrali dedicatum vestitus, omnibus horis divino officio cum archidiacono devotus [assistens], Domino serviebat. Ordinibus quoque sacris archidiaconi judicio susceptis, missâ per eum celebratâ, verbum Dei prædicabat ; damnataque profanæ statuæ opera detestans, prædicare populis non cessabat.* » (*Acta SS. junii*, II, 1075.)

2. Il parle aux spectateurs.

Adont vous aurés ³ tout a plain
La saincte vie et la conduite,　　　　　1850
Comment l'ydole fust destruite,
Aussy [la] lamentacion
Qui fust faicte dedans Menton,
Quant eurent perdu leurs espoux.
S'il vous plest, vous tournerés tous,　　1855
Et vous verrés belle matiere.
Se conclerons tout le mystere
Tout le plus bref que nous pourrons.
　　　　　LE FOL.
Pandu soyent tous les larrons
Et estachié a ung gibeth.　　　　　　1860
Demain on perdra le caquet;
Il en aura de baratel.
Demorons tous ceste vesprée;
Se serons le matin plus prest.
Vous en alé? Je voy que c'est.　　　　1865
A Dieu soyés, se vous voulez.
Ha! aha! aha! aha! or[es] orrez :
Le grant caint a pris Babiloinne ².
Se j'estoy [le] pape de Romme,
Ma Mariocte seroit papesse.　　　　　1870
Saincte, sainctz! com il a grant presse
De pissier, Mariote, ma mie!
Hé! a Dieu dont; il ne fault mie
Que je demeure icy toust seuz.

1871 *Ms.* bo il a. — 1874 *Ms.* t. ceuz.

1. Pour *orrés*.

2. Le grand khan a pris Babilone. Le fou fait semblant d'avoir d'importantes nouvelles à annoncer, pour retenir le public.

DEUXIÈME JOURNÉE

I

[Prologue.]

Le meneur du jeu.

Seignieur et dames de hault pris, 1875
Et vous bonne gens de pays,
Qui fuste hier a nostre jeu,
Vous soyés les trés bien venus.
Hier [vous] victes une partie
De notre ystoire, et de quel vie 1880
Et estat estoit sainct Bernard ;
Et, pour ce qu'il estoit trop tart,
Fust ramys la fin au jour de huy.
Dont vous verrés le grant enuy
Et doleur de ses bon parens ; 1885
Puys verrés comment diligent
Fust de servir Nostre Seigneur,
Et comment yl destruyt l'erreurs
Des ydoles de Jupiter ;
Coment Dieu traïnna enfert, 1890

1883 la fin, *ms.* la vain. — 1885 ses, *ms.* ces.

[A] l'estolle begnoite liez,
Le dyable plus fort atachiez ;
Puis fonda le noble hospital
De Mont Jou : au monde n'a tal
1895 Plus neccessaire, ne mieulx faisant
A riche ne a pouvre passant.
Entendé bien la saincte vie,
Et faictes pays, je le vous prie.

II

[Au château de Menthon.]

Le maistre d'ostel de Menton.
   Sus, menestrier, et vous, trompetes,
1900   Sonné et comanciez la feste :
   Les nopces fault huy acomplir ;
Et se fauldra oure partir,
Pour aler encontre l'espouse,
Des plus habille dix ou douze
1905 Chevalier, escuier de non,
Avecque Bernard de Menton,
A compaignie, a Myolans.
Puis après yront le plus grans
Seignieur a [la r]encontre aussy.
1910 Il fault recepvoir au jour de huy
De Genevez toute noblesse,
De Savoye la gentilièsse,

1891 liez, *ms.* aliez. — 1895 ms. *Vers trop long.* — 1907 *Ms.*
A compaignier.

Et tenir cort habandonnée.
Atoute personne ordonnée
D'office faisse son debvoir. 1915
Des serviteur il faut avoir
Au buffet et en la cusine.
Ces gens dorment jusques a primme !
Il deussent estre ja ez piés.
Noustre espoux est yl evelliés ? 1920
Encore ne se monstre en place.
Menestrier, je prie qu'om ly face
Une albade bien gracieuse,
Pour ameurs de son amoureuse.
Sonné fort, si se esvellieraz. 1925
Noustre espous ne se levera !
N'a il encore assés dormy ?

Sy doyvent sonner les menestrier devant la chambre de sainct Bernard, et puis le mestre d'ostel de Menton au seignieur de Menton [dist] :

Mon seignieur, au jour de huy ne viy
Nostre espoux : il n'è pas levé.
Il deust estre a cheval monté ; 1930
On tarde d'aler au devant.

  Le seignieur de Menton.

Il estoit anuyt tout pessant :
Je ne sçay comme[nt] il se pourte.
Va hurté ung po a sa porte
Et l'esveiller toust doulcement. 1935

1914 *Corr.* Et toute ? — 1919 *Ms.* ez prest. — 1925 si se, *ms.* cest se.

III

[La chambre de S. Bernard.]

Le maistre d'ostel, *a la chambre de S. Bernard.*
Bernard! Bernard! ung vous atant
Pour partir; este vous levez?
Et pourquoy ne me respondé?
Bernard! [Bernard!] levé toust sus!
1940 Et qu'è cecy? Il n'y az nulz
Qui me responde. [H]a! mon seignieur,
Par la foy de mon corps, j'ay paour :
De Bernard n'a nulz en la celle.
    Le seignieur de Menton.
Cest seroit ung grant [e]scandelle
1945 S'on ne le trouvoit maintenant.
Ho! Bernard, levés vous de grant.
Où este vous? Et qu'è cecy?
Voycy le lieu ou a dormy.
Ou es tu, Bernard, mon enfant?
1950 Demandez le docteur de grant,
S'il sçay rien ou sera alez.
    L'escuier de Menton.
Docteur, vous este demandez;
Vené de grant vers mon seignieur.
Il est cy, syre, le docteur;
1955 Demandez ly vostre plaisir.

1940 *Ms.* Et que ce sy. — 1943 *Ms.* en la chambre. *Le mot aura sans doute été rajeuni par le copiste, peu soucieux de la rime.*

Le seigneur de Menton.
Ne alaste vous anuyt gesir
Avec Bernard? Qu'en avé fait [1]?
Le docteur.
Entendé, sire, si vous plest :
Bernard me dist anuy bien tart
Que dormi alasse aultre part,   1960
Et qu'il estoit mal despousé.
Le seigneur de Menton.
Eh bien! mon bel meistre, posé
Qu'i le vous eut dist, vous debvés
Bien sçavoir ou il est alés.
Rendre compte vous en fauldra.   1965
Le docteur.
Par ma foy, mon seignieur, il n'a
Pas pris conseil a ma personne.
Oncques may je ne vit tel homme,
Plus secrois ne aussy plus couvers.
Le seigneur de Menton.
Regarde cest escrip ouver,   1970
Et ly qui c'est [2].

Le maystre d'ostel doit liere la lectre.
Ha! Nostre Dame!
A toy je rem [le] corps et [l']ame.
Hélas! hélas! hélas! hélas!
Le maistre d'ostel.
Et ne vous desconforté pas,
Mon seignieur; je vous crie marcy.   1975

1957 *Ms.* Avecque. — 1960 *Ms.* alaisses.

1. Le précepteur couchait habituellement auprès de Bernard; on a vu que celui-ci l'avait renvoyé.

2. Le père de Bernard n'aurait pas su lire, d'après ce passage. Un testament de Thomas de Menthon, daté de 1271, contient encore ce mot : *Quia nescio scribere.* En revanche, le maître d'hôtel paraît être un homme lettré, un clerc de château.

DAME BERNOLINE.

Il me semblé que j'ay ouÿ
Mon seigrïeur plandre : qui y a?

L'ESCUIER.

Hélas! ma dame, trés mal va.
Bernard s'en est alez anuyt.

DAME BERNOLINE.

1980 Hélas! et qui az ce conduit?
Vierge Marie debonnayre,
Envers toy je me veul retrayre;
Conforte moy. Ha! mon seignieur,
Qui oncques vyt si grant doleur?
1985 O mon enfant! o mon confort!

LE SEIGNIEUR DE MENTON.

Hélas! pourquoy ne suy ge mort?
Pour quoy suy je plus en ce monde?
Ha! mort, pour quoy ne me confunde?
Suy ge bien ore malireux!
1990 Lasse moy, pouvre doleroux,
Suy ge bien pugni malement!
Hélas! terre, pour quoy ne fant?
Je vouldroye estre ensevelly.

LE SEIGNIEUR DE BIAUFORT.

Qui [donc] est la, qui crie ainssy?

L'ESCUIER.

1995 C'est mon seignieur qui az perdu
Son filz.

LE SEIGNIEUR DE BIAUFORT.

[Quoy?] Et que me dic tu?
Las! compere, que faicte vous?

LE SEIGNIEUR DE MENTON.

Nous sumes vergoinez trestous :
Nostre Bernard s'en est alez!

LE SEIGNIEUR DE BIAUFORT.

1997 *Ms.* Lasse.

Que dictes? es ce verité? 2000
Je ne puy croyre que ce soit.
  Le seignieur de Duyng.
Qui celluy qui croyre pourroit
Qu'i fust fuÿr a celluy jours,
Actendu le bien et l'onneurs
Ou il estoit constitué? 2005
  Le seignieur de Menton.
Pourquoy ne suy je mors ou tué?
Hélas! je suys en desespoir.
  Le seignieur de Biaufort.
Mon compere, il vous fault avoir
Ung cuer d'omme, non pas de femme.
  La damoiselle[1].
Hélas! je vous prie, ma dame, 2010
Laissés celluy lamentament.
  Dame Bernoline.
Ha! royne du firmament!
Tu me laisse bien desoulée.
Hélas! pourquoy suy ge oncques née,
D'avoir perdu mon chier enfant? 2015
  La damoiselle.
Vous faicte, dame, pechiers grant,
De vous ainssy determiner.
Vous deustes ung po confourté
Mon seignieur, et vous le gasté!
  Dame Bernoline.
Ha! Bernard, je t'avoye assés 2020
Comparez, et tu m'a fay guerre!
Hélas! que se euvre la terre!
Pourquoy ne meure de subit?
J'ay perdu soulas et delit.

2000 *Ms.* asses verité. — 2001 que ce, *ms.* qui se. — 2009 *Ms.* na pas.

1. C'est une suivante qui parle à sa maîtresse.

2025 Je cuydoye avoir filz et fillie :
Le plus pouvre de ceste ville
A d'enfans assez, et ung seul
Je n'en ay ; dont mourir de duel
Et langir me fault an torment.
2030 [H]a! Richart, mon amy, commant
Passerons la melencolie?

   LE SEIGNIEUR DE MENTON.

Mourir me fault de dueil, m'amie,
Puisque mon confort est perdu.
Je suis pouvre villiars chenus,
2035 Et sens heir me fault defaillir!

   LE SEIGNIEUR DE BIAUFORT.

Vous me faictes du sans saillir
Quant ge regarde vous maintient.
Cest n'è pas fait de gens de bien
D'anssy crié et fayre noyse.
2040 Saichés de vray que bien me poise;
Mès nulz remede je n'y voy.
Avés perdu la bonne foy
Que avés en Dieu [et] la fiance?

   LE SEIGNIEUR DE MENTON.

Hélas! la trés noble aliance
2045 Que perdu avons au jour de huy!

   LE SEIGNIEUR DE DUYNG.

Par ma foy, frere, tant que a mi,
Je ne me cognois plus en vous.
Je vous tenoye saige sur tous ;
Mays vous monstré bien le contrayre.
2050 Panser vous fault [a] aultre affayre
Que de crier et lamenter :
Fault maintenant contremander,
A Myolans noctifier

2027, Seul, *ms.* seuz. — 2036 sans, *ms.* sains. — 2046 a mi, *ms.* amis.

Cestuy mechief, et declarer
La bessoignie anssy qu'elle passe.   2055
      LE SEIGNIEUR DE BIAUFORT.
Or sus dont, appert qu'on le face.
Menton, a coite d'esperons
A Myolans nous t'envoyons,
Et conteras celle avanture
Qui nous est assé male et dure,   2060
En disans, pour la reverance
De Dieu, qu'[on] i ait paciense.
Va t'am appert, sans plus targier.
      MENTON, MESSAGER.
Je m'en [vois] dont, le pas legier,
Compter nouvelle despleysans[1].   2065
      Silete.

IV

[Au château de Miolan.]

      LE SEIGNIEUR DE MYOLANS.

On deust ja estre sur le chams.
Or sus, mes seignieurs et mes dames;
Vous deussés estre, par mon ame,
Ja a cheval pour en aler.

---

1. Ces trois dernières scènes sont encore l'heureuse paraphrase d'un passage de la légende, mais transposé pour le besoin de l'action. « *Mane vero crastino festinantes, ornamentis phalerati, nuptias desiderantes perficere, non reperto Bernardo, schedulam perlegentes, in luctu gaudia revolventes, omnes mœsti lamentantes ad propria redierunt.* » (*Acta SS. junii, loc. cit.*)

Il fauldra ung pou desjuner
Et boyre avant que despartir.
         L'ESCUER DE MYOLANS.
Chascum il ne fait que dormy.
Il les fault aller esveillier.
Voycy Menton, le messager ;
Bien coyteux il vient devers vous
         LE SEIGNIEUR DE MYOLANS.
Quel nouvelle nous concté vous?
Vous estes huy bien mantiniers.
         MENTON, MESSAGER.
Hélas! que c'est ung mal mestier,
Le noustre! Car il fault tout dire,
Et biem et mal, mon trés chier syre ;
Car, tant comme desconforté,
Mal nouvel vous ay appourté
De vostre filz Bernard. Perdu
Il est sans faulte ; on ne sçay u
Le querir : il s'en est alez.
         LE SEIGNIEUR DE MYOLANS.
Ha! Nostre Dame, a il trompez
Moy et ma fille et mon ligniage?
Et qu'est [ce]cy? Voycy bien rage!
Est il vray, ce que tu [me] dist?
         MENTON, MESSAGER.
Par la foy Dieu de paradix,
Il est ainssy que je vous compte.
         LE SEIGNIEUR DE MYOLANS.
Par la foy que je doibt au comte
De Savoye, ainssy n'en sera ;
Aultre nopces ung en fera.
Cza, Myolans, mon messager,
Monte a cheval ; va diffier
Le seignieur de Menton et ses gens,

2073. fault, *ms.* faudra.

Et soyes assés diligent.
Deffie [eulx] a feu et a sang
De part moy, et ne reste tant 2100
Que n'aye faicte la deffiance.
  Myolans, messager.
Veé vous cy une belle dance!
Commensiez a faire esmodaillies.
Il ne m'en chault comment yl aille :
Je m'en vay fere cest message. 2105
  Menton, messager.
Atrampez ung peu vo corage,
Mon seigneur, car, pour mon serment,
Mon maistre ne sçay pas comment
Il est perdu ; il en arage.
  Le seignieur de Myolans.
Va de grant feyre ton message, 2110
Sains arest, coment qu'il en poigne.
Par Nostre Dame de Lausonné [1],
De mes amys employ[e]ré.
  Myolans, messager.
Tant que a moy, je m'en yray
A Menton le diffiement 2115
Feyre bien toust incontinant.
Je seray tantost retourné.
  Le seignieur de Myolans.
Ne doye bien estre mal lié,
Qui ay fait venir mes amys
Es nopces, et le dyable a mys 2120
Des empêche! j'en suis honis.
  La [dame] de Myolans.
Qué nouvelle [nous] appourté,

2099 sang, *ms.* saing. — 2101 *Ms.* deffance. — 2104 aille, *ms.* ales. — 2106 *Ms.* vostre. — 2107 *Ms.* serement. — 2109 *Ms.* il en est aragie. — 2110 ton, *ms.* toust.

1. Notre-Dame était le nom de l'ancienne cathédrale de Lausanne.

Menton ? Vous estes courosiez ;
De quoy, mon seignieur ?
    LE SEIGNIEUR DE MYOLANS.
        De vous filz,
2125 Qui est perdu a ce matin.
Je ne bouray jamais de vim
Tam que mon cuer vangiez en soye.
    LA DAME DE MYOLANS.
Lasse moy! quel soulas et joye
Devons avoir! [H]a! Marguerite!
2130 Cy a nouvelle biem petite :
Ton mary s'en est [en]fuÿ!
    LA FILLIE.
Ne fault pour ce estre esbaÿ,
Mon seignieur, ne aussy vous, ma dame.
Dieu vous gart de plus grant diffame.
2135 La culpe n'est n'en vous n'en moy ;
On ne vous blasmera, je croy,
Et tout sera pour le meillieur.
S'il veult servir Nostre Seignieur,
Il eslit le plus seur chemin.
    LE SEIGNIEUR DE MYOLANS.
2140 Voyre dya! mès, ly babuyn,
Que ne le disoit [il] devant
Qu'il te promis ?
    LA FILLIE.
      Dieu tout puissant
L'a inspiré depuys après.
Je le regarday bien de près ;
2145 Mays bien me sembla, a sa chiere,
Qu'il n'avoyt pas bien la manere
De homme de guerre, mays d'eglise,

2124 *Ms.* Et quoi. *La rime de ce vers est transposée ; il rime avec le vers* 2121.

Et que son entente avoit misse
Aultre part qu'en mondanité.

V

[Au château de Menthon.]

MYOLANS, MESSAGER.

Tantost suis au chastel monté 2150
De Menton. Dieu vous dont bon jour
Et acroyse trestout honneur,
Mon seigneur. Je suis cy venu
Pour vous fere petit salu
De part mon maistre et mon seigneur, 2155
Que j'ay leissiez dolant de cuer.
Il vous deffy par vostre nom,
Richart, le seigneur de Menton,
De feu, de saing et d'aultre bien,
Le sire de cyans et le syens. 2160

LE SEIGNEUR DE MENTON.

Vous me serés recomandant
A vostre maistre, et ly dirés
Que, s'il est maintenant yrés,
Je le suis encore plus fort,
Et quasi qu'il n'auroit pas tort, 2165
Se ly pouoye mestre remede.
Se j'em puis riem, de ceste afayre,

2153 cy, *ms.* sy. — 2160 *Ms.* de syans et le syans. *Il manque un vers après celui-ci ou après le suivant.* — 2163 *Ms.* cil e. m. ung po yrés. — 2166 *Il manque ici un vers.*

                    Car oncques chouse plus contrayre
                    Ne m'avin ne plus annoyeuse.
2170   La lettre melencoliouse
                    Que Bernard cy nous a leissie,
                    Vous ly pourterés, je vous prie ;
                    Et celle rombe de verny
                    Pourterés pour l'ameur de my.
2175   Pour le present, je ne dist aultre.
                            MYOLANS, MESSAGER.
                    Je ly fayré sans nulle faulte.
                    Grant marcy de vostre largesse.
                    Je m'en vay plus droy qu'iunne flèche
                    Vers Myolans pourté responce.
2180   Avant que le soloil esconse,
                    Seray a Myolans bien ayse.

VI

[Au château de Miolan.]

MYOLANS, MESSAGER, *au seignieur de Myolans*.
                    Mon seignieur, il ne vous desplayse,
                    Le bon seignieur se recomande
                    A vous, et de part moy vous mande
2185   Que, se vous este bien mal liés,
                    Il est assés plus courrousiez.
                    Il vous envoye ceste lettre,
                    Que Bernard de Menton a faicte
                    Et leissie a sa despartie.

2171. Ms. leissiez. — 2185 se, *ms.* ce. — 2189 a sa, *ms.* assa.

LE SEIGNIEUR DE MYOLANS.
Ne fist oncques plus grant folie. 2190
Toutefoys je suis bien comptens
Qu'on liese que il a dedans.
Mon escuier, tenés, liesés ¹.
L'ESCUIER DE MYOLANS *doibt liere la lettre.*
Cella feray ge volantiers;
Mays je ne sçay guere latim. 2195
LA FILLIE DE MYOLANS.
Mon chier seignieur, a celle fin
Que vous courroussiez nullement,
J'ay [trés] bien entennu commant
Bernard est alez au service
De Dieu et [a] laissé l'office 2200
Et estat de chevalerie.
Il az eslit trés saincte vie
De saincte contemplacion
Et a fait bonne election,
Car il a pris voye plus seure. 2205
Dont pour ce, s'en vous ne demeure,
Mon seignieur, je seroye contente
De mectre, [moy] aussy, m'entente
A Dieu servir et Nostre Dame,
Pour acquerir le saint reaulme 2210
Et la gloyre de paradix.
LE SEIGNIEUR DE MYOLANS.
Fillie, j'ay bien oÿ vous dis;
J'entem biem vostre entencion.
Biem trouveray aultre baron
Que Bernard. Pas desconforter 2215
Ne [vous] fault, ne pour ce plorer,
Car je vous logeray plus hault

2191 *Ms.* comptes. — 2205 voye, *ms.* voyre. — 2206 pour ce s'en, *ms.* pour cen.

1. Cf. le vers 1971.

Que devant. De ce ne vous chault;
Laissiés passé ceste folie.
LA FILLIE.
2220 Je vouldroie toute ma vie
Estre vierge, s'en vous ne tient,
Car je sçay bien qu'il n'apartient
Pas a moy de vous corrousier.
Humblement je vous veult prier
2225 Qu'i soit de vostre bon playsir
De moy laissier a Dieu servir;
Aussy en suis deliberée.
LE SEIGNIEUR DE MYOLANS.
Ma fillie, puisque vous agrée,
Et que vous mere soit contente,
2230 Je suis content de mectre entente
De vous mectre en religion.
LA FILLIE.
Ma dame, vostre entencion?
Je le vous requiers humblemant.
LA DAME DE MYOLANS.
Fillie, le vostre saulvemant
2235 Ne vouldroye pas destorbé.
Se vous voz voulez marié,
On vous trouvera bien a qui.
LA FILLIE.
Hélas! ma dame, je vous pry
Que contente soié de moy,
2240 Et je vous promet, par ma foy,
Que je prieray a Dieu pour vous
Devotement, aussy pour tous
Mes amys, et rendray bon compte.
LA DAME DE MYOLANS.
Or avant dont! En tant que monte

2220 *Ms.* vouldroit. — 2230 *Peut-être faut-il* de vostre entente.
— 2235 *Ms.* vouldroyt.

                A moy, je suis assez contente.   2245
                    LA FILLIE.
            A Dieu servir je me presente
            Et aussy a sa doulce mere ;
            Se laisseray ceste misere
            Du monde plain de vanité.
            A Dieu, pere plain de bonté ;   2250
            A Dieu, ma mere debonnayre :
            En chartrousse me veut retrayre.
            A Dieu, mon oncle et [mes] cousins ;
            A Dieu, cusines et voysins.
            A Dieu commant toute noblesse ;   2255
            Dieu vous tiegne tous en liesse.
            A Dieu, dames et damoisselle ;
            A Dieu soyés, belle pucelle ;
            A Dieu, bonne gens du pays ;
            A Dieu soyés, grant et petys.   2260
            Ha ! Bernard ! a Dieu te commans :
            Prie pour moy Dieu tout puissans !
                    Vers son seignieur, a genoul, dist :
            Mon seignieur, encore vous prie
            Et d'une grace vous supplie,
            Que le me voulez octroier.   2265
                LE SEIGNIEUR DE MYOLANS.
            Je suis contens.
                    LA FILLIE.
                            Je vous requier
            Que pour moy ne soit faicte guerre,
            Et laissés en pays l'aultruy terre.
            Le bon seignieur est courroussiez
            De son filz qui les a laissiez :   2270
            Je vous prie que soyés en pays [1].

1. Cette touchante requête, ainsi que la tirade qui précède et qui rappelle, par moments, les accents de Pauline dans *Polyeucte*, ne sont pas dans la légende. Toutes ces scènes de famille sont de l'invention du dramaturge.

LE SEIGNIEUR DE MYOLANS.
Pour l'ameur de vous je m'en tais,
Et jamais n'em sera parlez.
Je prie a Dieu que consolé
2275 Il soit, ainssy que le desire.
LA FILLIE.
Grant marcy, trés honnoré syre.
Je prie a Dieu de paradix
Que vous dont bonne paix toudis.
Demain, se Dieu plaist, entreray
2280 En chartossa, ou me mayntiendray
A honneur et d'ame et de corps.

LE FOL.
Je ne vouldroye pas estre mort,
Quant je me avise, ceste année.
Heé! quant viendra nostre espousée?
2285 Est elle morte ou enragie?
Il est bien fol qui soi marie,
S'il ne prent femme bien cortoyse.
On ne fait pas gueyre grant noyse;
Nous nopces sont bientost complie.
2290 J'ay perdu de bonne pancie.
Oncques ne vy nopces sy faicte.
Dieu mecte en bien mal an la feste
De ce fol qui s'en est fuÿ!
Silete.

2291 sy, *ms*. cy. — 2293. s'en, *ms*. cen.

VII.

[Au chapitre d'Aoste,]

L'ARCHIDYAQUE.
Messire Bernard, au jour de huy
On tient chappitre; je i voy. 2295
Venés vous en avesque moy;
Il nous fault fayre noz debvoir.
SAINCT BERNARD.
Avesque vous de bon voloir
M'en voye maintenant, trés chier sire.
L'ARCHIDYAQUE.
Je veult ore en chapitre dire 2300
Ung bien peu de ma volunté.
Le bon jour [sy] vous soyt donné,
Mes seignieur, [et] bonne alegrance.

Et sont tous ensemble l'evesque et les chanoinne en chapitre.

L'ÉVESQUE.
Archidyaque, la puissance
De Dieu sy soit avesques vous, 2305
L'ARCHIDYAQUE.
Mes seignieur, vous veéz bien trestous
Que je ne puis [plus] estre en piés.
Je suis velliart et debrisié.
Si voullez faire ung successeur
Et de l'eglise ung serviteur, 2310
Attendu que je ne suis plus.

2299 *Ms.* mon tres. — 2300 ore; *ms.* maintenant. — 2309 *Ms.* voulloit. — 2311 *Peut-être faudrait-il* je ne puis plus.

Pour quoy je vous [di], au surplus,
Que je vueil a syre Bernard,
Qui est homme de bonne part,
2315 Donner l'archidyaconé,
Et qu'en mon lyeu il soit posé.
Veé laz cella que je veul fayre.
L'EVESQUE D'OSTE.
A nous trestous yl doibt bien playre.
Sire Bernard, et vous, qu'en dicte?
SAINCT BERNARD.
2320 Ne sont pas matyre petite,
Mes seignieur; le vaillant seignieur
Archidyaque tam d'onneur
Me fait, dont je le remarcie.
Mays jamay, en jour de ma vie,
2325 Son benefice ne prendray.
Tout le bien, mon seignieur, que j'ay,
Il en est cause, et maintenant,
En sa sainté, en son vivant,
Que je pregnie son benefice!
2330 Non pas, se Dieu plaist, et deüsse
Leissier l'eglise de cyans.
L'ARCHIDIAQUE.
Seignieurs, qui este cy present,
D'une chouse [je] vous supplie :
Puis qu'il ne veut durant ma vie
2335 Accepter, vous ly donerés
Après de moy, et vous aurés
Pour luy honneur et bon service.
Je ne dis pas ce pour ma vice,
Mays pour le bien de cest monstier.
L'EVESQUE.
2340 Archidyaque, volantiers

2326 *Ms.* Dont le. — 2331 *Ms.* syans. — 2335 *Ms.* donrés. — 2338 ma vice, *corr.* malice?

Acomplerons vostre desir.
Pensé vivre, non pas mourir.
Messire Bernard est bien digne
D'avoir mieulx.
   L'archydiaque.
     De vostre benigne
Grace et vouloir vous remarcie.   2345
Je sçay bien que je ne puis mie
Vivre en ce monde longuemant.
  Le premier chanoinne.
Sachiés de vray, certannement,
Qu'il nous desplayra voz deffault,
Non obstant que chescun nous fault 2350
Deffaillir; nul ne peult muer.
   L'archidyaque.
Je me vueil ore transmuer
En mayson; je suis tout pessant.
Mes seignieur, a Dieu vous commant;
Qu'i vous ait en sa sainte garde.   2355
   L'evesque.
Archidyaque, bien nous grave
De voustre mal; a Dieu soié.
Vous serez tantost alegiez,
Se Dieu plest que vous dont sainté.

2352 *Ms.* Je me v. maintenant. *Cf. le vers* 2300.

VIII.

[Au logis de l'archidiacre.]

L'ARCHIDYAQUE.

2360 JE me sente bien aggravé;
Mourir me fault prochainnement.
Biaulz filz, je suis en grant torment
De maladie par le corps.
S'il plaisoit a Dieu que la mors
2365 M'enmenas, je seroie contens.

SAINCT BERNARD.

Hélas! biaulz pere reverant,
Je vous prie que ayés paciense.
Nostre Seignieur pour sa clemence
Si vous donra alegement.
2370 Jhesu Crist, roy omnipotent,
Il peult fayre du mort le vifz.
Je vous prie que ayés bon advis,
En vostre cuer bonne memoyre
De Dieu et de sa saincte gloire.

L'ARCHIDYAQUE.

2375 De maladie suis mal mis,
Par especial pres du cuer.
Je regracie Nostre Seignieur,
Auquel je recomande m'ame,
Et aussy a la doulce Dame.
2380 Mere de Dieu, Vierge Marie,
Je te prie que [ne] m'omblie mie.

2374. *Il manque un vers après celui-ci.*

A! saint Michel, a ce besoing
De mon ame te donne soing.
Je [n'en puis] plus; faillir me fault.
   Sainct Bernard.
Biaulx pere, ayés le cuer [en] hault,   2385
En memoyre la Passion.
Jhesus pour la redempcion
De nous tous se laissa mourir.
    Viegne l'angel.
   L'Archidyaque.
Alluy mon ame vuel offrir.
Bailliez moy la croix a baissier   2390
Se dyray le vers du psaltier :
In manus tuas, etc.
 L'ange porte l'ame; le dyable s'en fuyent.
   Sainct Bernard.
 Dieu de paradix,
 Qui nous a promis
 Vie perdurable
 A tes bons amis   2395
 Qui ont leur temps mis
 A vie honnorable,
 Celluy[1] tam notable
 Et tam agreable,
 Rampli de virtus,   2400
 Soyes charitable
 Et resannable.
 Soyes le, Jhesus,

 Jhesus debonnayre,
 Playse toy atrayre   2405
 En ton saint reaulme,

2391 *Ms.* psalmiter. — 2395 tes, *ms.* ces. — 2402 *Vers corrompu et trop court; corr.* Et très amiable?

1. C. à d. *à celui-ci.*

Sains point de contrayre,
Ta grant grace feyre
A celle pouvre ame,
2410 Qui az sans diffame
Servi Nostre Dame
Tam qu'elle a vescu.
Garde que la flame
D'inffer ne l'atiegnie.

2415 Ta viertu louée
Si est reclamée
Par ton serviteur :
Ta grace appellée
Et tam desirée
2420 Donne, o doulx Saulveur !
Cestuy bon seignieur
Par ta grant doulceur
Ayes en memoire
Comme Redempteur ;
2425 Donne luy saveur
De ta sancte gloyre.

Puisque Dieu l'a voulu conclure,
Mon enfant [1], il le fault couvrir.
Gardé vous, enfant, de partir
2430 Tam que je soye retourné.

2414. *Il manque un vers pour finir la strophe.* — 2420 o, *ms.* au. — 2425 saveur, *ms.* savoir. — 2427. *Ce vers n'a pas de correspondant.*— 2429 *Ms.* mon enfant.

1. Ces mots s'adressent à un jeune clerc.

IX

[Au chapitre.]

L E bon vespre vous soit donné [1],
Mes seignieur.
   L'evesque.
      Bien venu soyés.
  Sainct Bernard.
Nous debvons bien estre mal liez :
L'archidyaque est trapassez.
  L'evesque.
A ce fayre sommes tous nez;   2435
Il n'a remede ne excuse.
Mes frere, maintenant, je muse,
Puys que Dieu a fait son plesir
Du bon seignieur, il fault furnir
Son lieu d'ung aultre soffisant.   2440
  Le premier chanoinne.
C'est bien dist qu'om soit eslisant
De ung ydonne et bien propice.
C'est ung notable benefice,
Et est trés belle dignité.
  L'evesque.
Chescum dyra sa volanté;   2445
Sains fiction dicte vous sors [2].

2435 *Ms.* A cella fayre. — 2437 *Ms.* je me muse.

1. Saint Bernard s'adresse à l'évêque et aux chanoines.

2. Comme on le voit, la désignation du candidat par le titulaire défunt ne suffisait pas ; la grande règle de l'élection subsistait, dans cette contrée, pour les dignités ecclésiastiques.

LE PREMIER CHANOINNE.

L'archidyaque avant sa mors
Le veul resinner a Bernard ;
Pour quoy, mes seignieur, de ma part,
2450 Je ne sçaroye [y] contredyre.
LE IIe CHANOYNNE.
Aussy ne sçaroye aultre eslire ;
A celuy je donne ma voix.
LE IIIe CHANOYNNE.
Il ne se fault aucune fois
Tropt cuytier ; advisé y bien,
2455 Non obstant que je ne sçay riens
En luy que il n'en soit bien digne.
LE QUART CHANOYNNE.
Mes seignieur, Bernard az la mienne
Voix, car je n'en connois pas d'aultre
Plus soffisant ; sans nulle faulte,
2460 Il est bien digne d'avoir mieulx.
L'EVESQUE.
Que dicte vous, Bernard, biaulx filz ?
Archidyaque vous faysons.
SAINCT BERNARD.
Mes seignieur, riens n'empourterons
Senon le bien que aurons fait.
2465 Mes seignieur, s'il ne vous desplait,
Vous en eslirez bien ung aultre,
Car je vous dist, sans nulle faulte,
Que je ne suys deliberé
De recepvoir tel dignité ;
2470 J'ay plus de bien qu'a moy n'affiert.
L'EVESQUE.
Syre Bernard, nostre sors fiert
Dessus vous ; advisé vous bien.

2448 *Ms.* resonner. — 2458 *Ms.* n'en sçay pas.

SAINCT BERNARD.
Mon seignieur, je n'en ferey riem.
Ne suys digne; n'em parlez plus.
L'EVESQUE.
Mes seignieur, vous veé le reffus 2475
De Bernard, que ne vuel entrer
En dignité.
LE PREMIER CHANOYNNE.
Il fault muser
D'en fayre ung aultre, puis que ly
N'y veut entendre, dont je suis
Bien esbay et mal content. 2480
L'EVESQUE.
Or faysons comme bonne gent :
Mecton nous toust en oroyson
Et en humble devocion
Devers Dieu, que vueillie monstrer
Qui doibt la dignité porter. 2485
Aultre conseil donné ne sçay.
LE PREMIER CHANOYNNE.
Cestuy conseil est bon et vray
Et le plus seur, a mon semblant,
Que prions a Dieu tout puissant
Qu'il nous envoye quelque signe. 2490
LE IIe CHANOYNNE.
Prions la magesté divine
Que de sa grace nous envoye.
LE IIIe CHANOYNNE.
Aussy dire je le voloie;
Or fasse chescum son debvoir.
LE IIIIe CHANOYNNE.
Mes biaulx freres, a dire voir, 2495
C'est le plus seur et plus honneste.

2474 *Ms.* Je ne suys.

SAINCT BERNARD.

Grace du reaulme celeste
Debvons en tous temps demander,
Affin qu'i plaise a Dieu mander
2500 Tout ce qui nous est neccessayre.

DIEU [1].

Ung messaige te fauldra [fayre],
Michiel, la val, en la Val d'Oste.
Il est advenu que le noustre
Archidyaque de l'eglise
2505 Nous a huy son ame transmise;
Dont le chapitre est en debat
Qui on eslit. Sire Bernard
Estre ne le veult nullement;
Pour ce, ly va incontinant
2510 Dire que la dignité prende.

SAINCT MICHIEL.

Je suis tous près de la descendre,
Puysque vous plest de commander.
A vous me vueil recomander.
Je voy en Hoste de present.

A saint Bernard dit :

2515 De par le roy du firmament,
A toy, Bernard, je suis venu,
Que ne faisse plus de reffus.
Archidyaque vueil que soye,
Et, se de riens le refussoye,
2520 Tu pecheroi[e]s grandement.
Souffice toy pour le present;
Je m'en retourne en paradis.

L'EVESQUE.

Ha! mes frere, le noble dis

2519 *Ms.* Et ce de r. le ressoye.

1. Ceci se passait au-dessus de la scène, tandis que le chapitre était en oraison.

Que j'ay sentu, a mon semblant.
   Le premier chanoynne.
Las! mon seigneur, il m'è advis   2525
Qu'en paradix suis maintenant.
   Le iiᵉ chanoynne.
Oncques ne fust en mon vivant
Sy joyeulx que suis maintenant.
   Le iiiᵉ chanoynne.
Jamais melodie si grant
N'oÿ, de l'eure que fust nez.   2530
   Le iiiiᵉ chanoynne.
Mes seigneur, Dieu nous a amé,
Quam nous a monstré ung tel signe.
   L'evesque.
Par la saincte grace divine,
Messire Bernard de Menton,
Archidyaque est vostre non.   2535
Contredire ne [se] peult plus.
   Sainct Bernard.
Loué en soit le roy Jhesus;
A son service me submecte.
   L'evesque.
Or ça, il fault que ly remecte
En main le baston de regime,   2540
    Tradit baculum
De l'iglise la discipline,
De toute la correction,
Du cueurs la dominacion [1].
On vous baille la dignité,
Par ce baston constitué   2545
Archidyaque et gouverneur.

2527 *Ms.* Oncques je ne. — 2528 *Ms.* qui j'ay esté maintenant. — 2539 *Ms.* Or sa il f. que je ly r.

1. La surveillance du chœur de l'église. Telles étaient les attributions de l'archidiacre.

SAINCT BERNARD.

Je vous regracie, mon seignieur,
Et vous toust, de cestuy honneur,
En priant mon doulx Createur
2550 Qui me dont feyre bon debvoir,
Se bien que a la fim puisse avoir
Le reaulme de paradix.
Se j'avoye de riens mespris,
Je vous crie a trestout marcy.

L'EVESQUE.

2555 Archidyaque, mon amy,
Du temps passé n'en parlé plus;
Chantons *Te, Deum, laudamus*.

X.

[A la cathédrale d'Aoste.]

LE PREMIER PELLERIN.

Nous avons fait et acompli
Nostre voege, Dieu marcy,
2560 Jusques ycy, en la cité
D'Oste, et [nous] avons tout passé
La Lombardie sains perir.

LE IIe PELLERIN.

Il nous fauldra estre subtifz
De passé par celle montaignie.

LE IIIe PELLERIN.

2565 Nous deüssons par Alamagnie

2565 *Ms.* deussent.

Aler, ou par le mont Cenis.
                LE IIII⁰ PELLERIN.
Dieu nous aydera, m'est advis,
Que nous passerons sans dangier.
                LE V⁰ PELLERIN.
Alons nous en vers le monstier;
Si parlerons au bon seignieur   2570
Evesque. Il est homme d'honneur :
Nous ly demanderons ayde.
                LE VI⁰ PELLERIN.
S'il nous vouloit delivré guide,
De par Dieu, nous seront refait.
                LE VII⁰ PELLERIN.
Alons, il faut fayre grant plest,   2575
Si quelque confort trouverons.
                LE VIII⁰ PELLERIN.
C'est trés bien dist; or y alons :
Nous n'en vouldront [certes] que mieulx.
                LE IX⁰ PELLERIN.
Il est la, le reverant pere.
Mon seignieur, Dieu vous dont bon jour! 2580
                L'EVESQUE.
Enfans, vous estes au retours
De Romme? Bien soyés venu.
                LE PREMIER PELLERIN.
Mon seignieur, vous sovient il plus
Commant nous fusme malmené
A Mon Jou, ou fust estranglez   2585
L'ung de nous gent, le plus vaillant ?
                L'EVESQUE.
Il me sovient bien maintenant.

2566 *Ms.* au par le mon parfenir. *Le copiste ignorait le nom du Mont-Cenis, dont la mesure, la rime et le sens exigent le rétablissement.* — 2567 *Ms.* ce m'est advis. — 2572 *Ms.* quelque ayde. — 2576 *Ms.* il trouverons.

C'est petié de passer pour la.
Retrecté vous ung pou en la.
2590 J'em parleray a mon chapitre.

XI

[Au chapitre.]

Archidyaque, ore me dicte,
Et vous tous, que debvons nous fayre
De cel ydole tam contrayre
A christianté et damageable.
  Sainct Bernard, archidyaque.
2595 Bien entennus vostre lengaige,
Mon seignieur, aussy la matire,
Qui ou pais est bien ameyre
Et noysable contre la foy,
Je dyroe, tam que a moy,
2600 Qu'en bien bonne devocion
Il fust chescum en oroyson,
Priant [Dieu pour] qu'il demonstrer
Nous vueillie sa grace et oster
Du paissaige cestuy erreur.
  L'evesque.
2605 De recourir au Createur
Dedans chescune adversité
N'a que bien, car, en verité,
Il cort une grande heresie.
Aproche te de moy, la crye :

2605 *Ms.* recouvrir. — 2606 *Ms.* Dans. — 2607 *Ms.* Na qui bien.

Va pour la cité publier 2610
Que chescum viegnie acompaignier
La procession de matin.
   LA CRIE.
Je y voys dont, par sainct Martin,
Puysque vous plest de commander.

XII

[Sur la place publique d'Aoste].

PLAISE vous a tous escuter. 2615
 Mon seignieur l'evesque vous mande
 Et aussy a vous tous commande
Que, par bonne devocion,
Demain a la procession
Vous venés et a la grant messe. 2620
   LE PREMIER CYTOIEN.
Obeïr il fault a l'evesque
Et fayre son commandement.
Aler nous fault devotement
Demain a la procession.
   LE II° CYTOIEN.
Mon compere, c'est bien rayson, 2625
Pour nostre bien et du païs;
Car il est bien de Dieu maudit
Qui n'obeÿt a sancte Egleyse.
   LE III° CYTOIEN.
Obeïssons en telle guise

2628 *Ms.* n'obeyent.

2630 Que n'ayons repreension.
Soyons en trés bonne union
Avec le serviteurs de Dieu.
    LE IIIIe CYTOIEN.
Jamais [je] ne fu en nul lieu
Ou fust faicte rebellion,
2635 Qui ne fust a destrucion ;
Ou tost ou tart ilz son pugni.
    LE PREMIER CYTOIEN.
Vous avés bien la crie oÿ :
Nous yrons bien honnestement,
Et ferons comment bonne gent
2640 Servans Dieu et saincte Marie.

XIII

[Dans la cathédrale.]

SAINCT BERNARD, *a genoulx*.
SYRE, je te prie
    Que donnes aÿe
    A tes serviteurs,
Car la seigniorie
2645 De ydolatrie
Gouverne pluseur.

Par la grans erreur
Son mis a doleur
Simple creatures ;

2631 en, *ms.* est. — 2632 *Ms.* Avesque. — 2636 ou tart, *ms.* au tart.

Soyes protecteur 2650
Et bon deffendeurs
De humane nature.

L'ennemy sy mainne
La nature humainne
A perdicion 2655
Par creance vainne,
Qu'è chousse masa[i]nne
A salvacion.

La redempcion
Fuz san fiction 2660
Par toy acomplie.
Folle opinion
Ceste nacion
A fort abaissie.

La grant [e]statue 2665
Folle gent cy tue
Par folle creance.
Ceste beste mue
A fort estendue
Partout sa puissance. 2670

Ayes remembrance
Qu'en grand violance
Fust ton corps posé,
Feruz de la lance,
Pour la delivrance 2675
Fust a mors livré.

Delivre, biau sire,

2656 *Ms.* Par creature. — 2664 *Ms.* abaissier. — 2666 *Ms.* se tue. — 2672 *Ms.* grande.

            Ton peuple de l'ire
            Du faulx ennemy,
2680   Que ne fait qu'atire
            Et mectre a martire
            Ton peuple au jour de huy.

            Fay que resjoÿ
            Et fors de soussy
2685   Soit tout le pays.
            Nous sommes peri
            Et ta loy aussy,
            Dont suis esbaÿ.

                    Puys a Nostre Dame :
            Vierge Marie glorieuse,
2690   Des pouvre gent la plus piteuse,
            Prie ton filz a doulx geneux
            Que celle ydole tam ydeuse,
            Tant redoubtée, tant crueuse,
            Vuelle osté ariere de nous ;
2695   Car nostre peuple en est trestout
            Troublez et mis a grant torment.
            Pour ce te prierons humblemant
            Que tu face prochainnement
            Vers ton filz pas, et mete grace,
2700   Et ly dyable se nous en chasse.
                    NOSTRE DAME [1].
            Mon trés chier filz, pour grant espace
            Nostre Bernard a supplié
            Pour le peuple qui est lié
            Et compris per ydolatrie
2705   De Jupiter, que ne doibt mie

2686 *Ms.* peril. — 2699 *Ms.* met. — 2703 *Ms.* Que le.

1. Ce qui suit se passe au-dessus de la scène.

Acomparer le simple gens
Par le dyable qui est dedans.
Biaulx filz, ne vuellez plus souffrir
Cel escandelle, tel desplaisir
A ta loy et contre nature. 2710
Dieu.
Belle mere, celle gent dure
Ont plus fiance en Jupiter
Et a toust le dyable d'infert
Qu'il ne ont en moy, leur Createur.
Je leur ay baillié protecteur, 2715
Bernard; se croyre le voloyent,
Grant consolacion aroient
Et remède tel qu'il leur fault.
Nostre Dame.
Ha! biaulx filz, a moy ne m'en chault,
Se non de tes bons serviteurs 2720
Qui en souffricent la doleurs;
Cyeulx la plaise toy confourter.
Dieu.
Nycolas, il te fault aler
La bas en Oste, sans demeure,
Ou l'archydiaque labeure 2725
Pour le peuple, et sy ly dyras
Que j'ay bien entennu le cas
Coment Jupiter si travaille
Le peuple, qui est grant merveille.
Pour quoy a Bernard je commecte 2730
La puissance du tout tramecte
Et destruire celle estatue.
Je suis contens que le lyeu meue,
Et qu'om il face belle egleyse

2706 *Ms.* Acompres. — 2709 *Corr.* escandel *ou pron.* escandle. — 2716 se, *ms.* ce. — 2720 *Ms.* bons tes. — 2725 *Ms.* L'archydiaque et labeure. — 2732 *Corr.* De destruire?

2735 Et une mayson bien assise
A recepvoir le pouvre gent.
SAINCT NYCHOLAS.
De ce serai ge diligent
A conduire celle matiere.
A toy me commant, biaulx doulx Pere.
2740 Je m'en voy vers l'archydyaque,
Qui la prie en son tabernacle [1].
Archidyaque, Dieu te sault.
Ta priere est montée la hault ;
Dieu t'a ouÿ et entennu,
2745 Et t'a donné telle viertu
De destruire la faulce ydole.
Atou[t] le baston [2] et l'estole,
T'em yras avec le remier
Lassus hault ; non pas de primier,
2750 Mays le derrier te fault aller,
Et celle ydole conjurer,
Prendre et lier, [et] tout destruire.
Ainsy le veult Dieu nostre Syre.
Et n'aye paour, car je seray
2755 Avesque toy et conduiray,
Tamt que tu n'auras mal ne damp.
Et ainssy la columpne gram
De l'aultre montaigne lassus [3]
Destruiras et bouteras jus ;
2760 Et funderas deulx hospitaulx,
Deulx esgleyses et couvans biaulx,
Ou Dieu sera toust temps servi.
SAINCT BERNARD.
Biaulx syre Dieu, que j'ay oÿ

2748 *Ms.* avesques.

1. Il descend sur la scène.
2. Le bâton de l'archidiacre, conféré plus haut à Bernard.
3. Du Petit Saint-Bernard.

Belle nouvelle et [bien] plasant !
[Ha !] vray Dieu, qui es tout puissant, 2765
Grace te rent sains [1] mille foys.
Maintenant moult bien je cognois
Que [tu] aura pitié de nous.
Vené ça, clerc; ou este vous?
Alez sonner nostre grant clouche. 2770
   Et doibt sonner la cloche.
  L'EVESQUE.
Chapellain, prendé ceste croce.
Alons tous en procession,
En bien humble devocion.
Chascum il viegnie, je vous prie.
  LE PREMIER CYTOIEN.
J'ay la plus grosse clouche oÿe; 2775
Alons tous en devocion.
  LE IIe CYTOIEN.
Alons en bonne entencion,
Et anssy Dieu nous conduira.
  Et s'en vont les cytoien vers l'egleyse.
  LE PREMIER PELLERIN.
Enfans, aler il nous faudra
A l'egleyse pour Dieu prier, 2780
Car j'é veu le peuple tyrer
Celle part bien coyteusement.
   Vadunt.
  L'EVESQUE.
Archidyaque, de present
Qui fera le devin office?
  SAINCT BERNARD.
Je, sy vous plest, au Dieu service; 2785
Je m'en vay ore revestier.
Mon seignieur, avant que partir,

2769 ça, *ms.* sa. — 2771 *Ms.* prenté.

1. Sains *pour* cent.

Veult dire ung po de ma rayson,
Non pas par mode de sermon,
2790 Mays seulement vous aviser
D'ung voeage ou je vuel aler
Et complir, au pleisir de Dieu.
Vous sçavés comment cestuy lieu
Et les partie d'environ
2795 Sont en grant tribulacion,
Si grant que il n'en est memoyre.
[Cy] a duré et dure encore
Une faulce sorte d'erege
Et d'aultre malvay sortiliege.
2800 Par l'angym fort de l'ennimy,
Et faulte de foys, au jour de huy
Sont plusseurs en ydolatrie,
Qui cuide[nt], par leur folatrie,
Que l'ydole qui est lassus
2805 Soit toute plainne de viertus.
Hélas! la grant abucion!
Hélas! la grant destruiction
De nostre foys, qu'une estatue,
Las! faicte comme beste mue,
2810 Si ait puissance de guerir!
Pluseur fol la vont requerir,
Encontre Dieu et son Egleyse.
Pour ce ay je m'entente mise,
Au plesir de Dieu nostre Syre,
2815 De celle faulce erreur destruire
Qui az destruit tant de personne.
Notable gens, et femme et homme,
De corps et d'ame son destruis,
Et en peril toust le païs
2820 Detourné en ydolatrie.

2796 *Ms.* quil nem en memoyre. — 2812 Encontre, *ms.* Encore. — 2817 *Ms.* homme et femme.

Bonne gens, a la Dieu aïe,
Je m'en yray az celle ydole,
Ou le diable tient son escole,
En celluy mont de Jupiter
Qui une partie [est] d'infert.   2825
Mes seignieur, freres et amis,
Vous prierés Dieu de paradis
Qu'i me dont trés bien bessognier.
Il sont ycy, le bon remier
Qui perdirent leurs compaignion;   2830
Et pour ce j'ay entencion
De les conduire [tous] lassus
Au non du benoit roy Jhesus,
Que avesques moy je porteray,
Et de cest armes m'armeray.   2835
En propre personne moy meisme
[Je] saray posé pour le disme.
J'ay entrepris celle conduite
Contre celle personne mauldicte,
Mes seignieur, a vostre licence.   2840
      L'EVESQUE.
Archidyaque, reverance
Et honneur vous debvons bien fayre,
Qui avés ung si grant affayre
Entrepris ; c'est grosse matiere.
Je vous supplie, mon bel syre,   2845
Qu'ayés encore bon advis.
Jupiter, filz de l'Antecrist,
Est lassus en sa grant puissance,
Acompaignié de la mechance;
C'est un passaige perillieux.   2850
      SAINCT BERNARD.
Lucifer, qui fust orguillieux,

2828 *Ms.* messognier. — 2836 *Ms.* mesme moy. — 2839 *Vers trop long.* — 2842 *Ms.* debves.

        Par son orgueil fust abatu
        De paradis, et sa viertu
        Perdue, et la fust condampné
2855   Et [en] enfert constitué
        Le prince. Je ne doubte pas
        Que son filz, le grant Sathanas,
        Nous puist nuyre : le doulx Jhesus
        A sur eulz tretoute viertus;
2860   De par luy nous aurons victoyre.
                L'EVESQUE.
        Ayés bien tousjour la memoyre
        La passion de Jhesu-Crist.
        Alons tous, freres et amys,
        Acompaignié le champion
2865   De Dieu atout procession,
        Et chantons *Veni, Creator.*

XIV.

[Au pied du Mont-Joux.]

Adont s'en vont vers la montagnie, chantant Veni Creator; *puis, au pié du mon, Sainct B. dist :*

                SAINCT BERNARD.
        JE vous crie marcy, mon seignieur,
           Et vous tous; n'alés plus avant.
          Je vous commande au Tout-Puissant.
2870   A Dieu, a Dieu, a Dieu trestous;
        Je me recomande a vous tous.

Ça, romier, este vous tout prest?
LE PREMIER PELLERIM.
Nous en alons tousjour après,
Pour passer a voz compaignie.
L'EVESQUE.
Je prie a Dieu que vous conduie 2875
Et vous garde de tous mechiest.
Bonne gent, je vous prie, priez
Pour l'archidyaque orendroit.
Je prie a Dieu, que tout paroit,
Que vyctoire si luy octrye 2880
Contre la faulce ydolatrie.
Retournons divers nostre egleyse,
En loyant Dieu, le roy Jhesus.
Veni, Sancte Spiritus,
Et emicte celitus 2885
Lucis tue radium.

Et s'en retournent en leur egleyse.

XV.

[Au sommet du Mont-Joux.]

JUPITER STATUE.
Or sus, larrons, or sus, or sus!
Vous ne faicte plus que dormy
Et me laissés icy mourir
Et forsenir de male fain. 2890

2872 Ms. Sa. — 2880 si, ms. sil; *on pourrait aussi corriger* celluy. — 2880 Ms. octroye.

AGRAPART.

Tayse toy, tu auras demain
Bonne proye et bonne pidance.
Les pellerin qui sont de France
Tourneront briefment par ycy.

JUPITER STATUE.

2895 Gardé bien que soient choysi
Et que nostre part soit gardée.
Qu'il n'echape personne née
Que le dis[ies]me n'emportons.

BRUNET DYABLE.

Trés bon compte nous te rendrons;
2900 N'eschaperaz prebstre ne clers.

JUPITER STATUE.

Tu es en ma grace, Brunet.
Fait bon debvoir; je t'ameray.

ASTAROTH.

Nostre maystre, et moy, que feray?
Ne suis je bien a voustre grace?

JUPITER STATUE.

2905 Oÿ dya, aussy que tu fasse
Ton debvoir a prendre cest gent.

BELLIART.

Je suis sur tout plus diligent
D'amener proye a la cuysine.

JUPITER STATUE.

Je meure de male famine.
2910 Dyable, a quoy [donc] este vous bons?
Pendu soyés comme larrons
Et estranglez dix foys le jour.
Je tremble trestout de paour,
[Car] j'ay songié ung trés mal songe.

AGRAPPART.

2915 C'est ta puissance que s'alonge :

2894 *Ms.* bien briefment. — 2898 *Ms.* n'emporte.

Tu auras tantost tout le monde.
Jupiter statue.
Je doubte qu'un ne me confunde
Et que je ne soyes destruis.
Sainct Bernard.
Or montons trestous, mes amys.
Enfans, vous vous mectré devant ; 2920
Et n'ayés paour ne po ne grant,
[Mes] seignieurs, de part Jhesu Crist.
Le premier pellerim.
Mon seignieur, Dieu de paradix
Nous dont aler tout sainnement.
Nous ferons vos comandament ; 2925
A Dieu soyés recomandé.
Sainct Bernard.
Ne soyés riens espaventé,
Car je seray [tres]tout derrier.
Le premier pellerim.
Cest fust lassus, a cest quartier,
Que nostre compaignion fust pris. 2930
Jupiter statue.
Agrapart, j'enrage tout vifz.
La fievre me prent. A ! larrons !
Ou sont trestout cez compaignion ?
J'ay si grant paour que tout j'esrage.
Agrapart.
As tu perdu tout ton coraige ? 2935
Que dyable te prend orendroit ?
Nous aurons tantost nostre droit
Des pellerins qui sunt icy.
Il en y a ung blanc vesti ;
Je ne sçay que dyable peult estre. 2940
Jupiter statue.
Or le prendez, celuy faulx prebstre.

2925 *Ms.* vostre. — 2941 *Ms.* fault.

Compté : il sera le dis[is]me.
SAINCT BERNARD.
Par la sancte viertu divine,
Ung seul Dieu, une deïté,
2945 Troys personnes en magesté,
Pere et Filz et Sainct Esperit,
Faulx ydole, de Dieu maldist,
Je te [re]quiere, et tes complices
Rampliz d'orguil et [de] tout vice,
2950 Que ne soiez ja si ardist
D'offendre nul, car au jour de huy
Vous monstreray que je sçay fayre.
Adont les dyables tous ensemble escutent.
AGRAPART.
Je te feray bien tantost taire,
Fault prebstre. Que te fait venir
2955 Cy dessu pour nous assaillir?
Tu seras pris et estranglez.
Seras nostre, car j'ay comptez
Que le dis[is]me tu es mis.
SAINCT BERNARD.
Tayse toy, malvais ennemy;
2960 Tu n'as puissance dessus nous.
Je vous vuel destruire trestout;
Eschapper vous ne me povés.
BRUNET.
Tu seras aure presentez
A nostre [maistre] Jupiter.
SAINCT BERNARD.
2965 Mieulx te voudroit estre en infert,
Palliars, quar tu auras mal jour.
ASTAROTH.
Bouté seras a deshonneur,

2946 *Ms.* Le Pere, le Filz, le Sainct Esperit. — 2947 *Ms.* Fault.
2957 *Ms.* Tu seras.

Faulx ypocrite, et mis a mort.
           SAINCT BERNARD.
Ne sçarés ja estre tam fort
Que ne soyés trestout vencu.   2970
           BELLIARD.
Vous me semblé tot esperdu,
Dyables d'enfert; que faicte vous?
           SAINCT BERNARD.
Comandement vous fait a tous,
De part Dieu, qui est tout puissant,
Que ne touchiés ne po ne grant   2975
Les compaignion. Laissiez passer.
A Monmalet[1] vous fault aler.
Or ça, maistre, de part Jhesus,
Perdu avés vostre viertus.
Rendé vous; ne poé fuÿr.   2980
           JUPITER STATUE.
Ha! ho! ho! laisse moy saillir
Et haleinner; te crie marcy.
           SAINCT BERNARD.
De part Jhesus, qui mort souffriz,
Liés serés et presonnier.
                    Au pellerin dist:
Passés outre sans plus tarsier;   2985
Alé vous chemin seurement.
De par le Dieu omnipotent,
Vous, dyables d'infert, [je] conjure

2968 *Ms.* Fault. — 2976 *Ms.* laissir. — 2978 ça, *ms.* sa. — 2982 *Ms.* haleinne.

1. Montmalet, abîme voisin du Mont-Joux, dont le nom, traduit quelquefois à tort par *Mons Maledictus*, est écrit dans le livre de Richard de la Val d'Isère : *Montes Malethi*. C'était, d'après la légende française du château de Menthon, un lieu

> Entre les quatre diocèses
> Oste, Genève, Tarenthèse
> Et Lyon estant bien renclus.

Et commande que a creature
2990 Baptizé[e] vous n'offendré.
A Monmalet vous en venrez
Acompainer vostre statue.
Il est temps que [je] te remue,
Faulx ydole, de Dieu maldicte.
    JUPITER STATUE.
2995 Haro! hara! celle ypocrite
Mal me gouverne. Ho! mes gens!
    SAINCT BERNARD.
Tu te demonstre estre tam gens!
On voit maintenant que tu es.
Je te veul bien tenir de près
3000 Et estachier, que ne m'echape.
Oster te fault celle grant chappe
Et aussy celluy faulx visaige.
Que tu as ung joli corsage!
Atachier te fault par le col,
3005 Affin que ne fasses le fol.
Bien es digne d'estre estranglez.
Ha! vray Dieu, tu soyes loé :
Mon estole est mué en chainne!
    JUPITER STATUE.
Laisse moy reprendre m'aleinne.
3010 Tu m'estrangles; je ne puis plus.
    SAINCT BERNARD.
C'est au nom du doulx roy Jhesus,
A qui te fault [ore] obeïr.
Il n'è nulz qui puist resister
Encontre sa grant magesté.
3015 Tu seras batu et traynné
Et estachié a ung gibeth,
Ycy après, en Monmalet;

2994 *Ms.* Fault. — 2998 *Ms.* Il faut voir maintenant. — 3002 *Ms.* fault.— 3013 *Corr.* resistir, *pour la rime? Cf.* possidi, *v.* 3027.

Et la tes gens te serviront,
Et jamais mal il ne feront
A personne par cy passant. 3020
   Jupiter statue.
Hélas! or suis je bien meschant,
Que me laisse anssy gouverner!
Je me fassoies redoubter:
Or ai ge bien trouvez mon maistre.
Ha! Bernard, tu me fait grant guerre; 3025
Tu me prent ma place et ma terre,
Que j'ay si grant temps possidi.
   Sainct Bernard.
Ha! ydole de Dieu mauldi,
Tu as regné trop longuemant
Et as destruis les pouvre gent: 3030
Tu le comparras dorimès,
Des oltrayge que tu a fais
A la pouvre nature humainne.
Je cuyde que fault que te trainne,
Ou se tu venras volantier? 3035
   Jupiter statue.
Bien me soubstendray sus mes piés;
Mayne moy la ou tu vouldras.
   Sainct Bernard.
Pas eschapé ne me porras;
Il ne te faul riens rebiter.
   Jupiter statue.
Ou este vous, dyable d'infert? 3040
Me laissé vous ainsy mener?
   Agrapart.
Avesques toy nous fault aler;
Nous ne povons riens contredire.
   Brunet.
Coment il nous tient bien derrire!

3031 *Ms.* compareras. — 3032 *Ms.* octrayge. — 3044 *Ms.* derrée.

3045 Perdu avons toute puissance.
SAINCT BERNARD.
Logiés serez a suffissance,
Ycy emprès, a Monmalet.
Allé devant, maistre Brunet,
Et les aultres, allé après.
3050 Je tiendray le maistre de près,
Tant quil soit trés bien atachiez.
JUPITER STATUE.
Hélas! bien doibt estre mal liez
Quant gouverné suis en ce point.
AGRAPART.
Maldist soit, maistre, vostre groing!
3055 Pour vous sumes ainssi destruit.
Vous avés perdu [tout] le bruit;
Vous estes assés bien lié.

Les dyables doyvent crië tout ensemble, et saint Bernard retourne a Mon-Jo, et dist a geneulx:

SAINCT BERNARD.
Vraye Dieu, tu soyes gracié
Quam victoyre tu m'a donnez
3060 [En]contre cil dyable dampnez.
J'en ay delivré le passaige;
Or porront ly fol et li saige
Passer par ycy ardiement.
Ha! roïne du fiermament,
3065 Tu soyes benite et louée,
Qui m'a aydiez, ceste journée,
A vaincre cestui ennemy!
Ha! sainct Nycholas, mon amy,
Tu m'as bien tenu compaignie!
SAINCT NYCHOLAS [1].
3070 Nostre Seignieur si ne fault mie

3060 *Ms.* sil. — 3061 *Ms.* J'en y a.

1. Au-dessus de la scène.

Jamais a ses bon serviteurs.
Tu as destruit le malfecteur
Par la puissance Jhesu Crist :
Encore te fault, mon biau filz,
Aler destruire la colompne [1]   3075
Qui habuse mente personne ;
C'est lieu du dyable de lassus.
A ton baston le boute jus
Par la viertu du Createur.
Et s'en va a la colompne.

XVI

[Au Petit Saint-Bernard.]

Sainct Bernard.

Le voloir de Nostre Seignieur,   3080
A qui debvons toust obeïr,
Soit acompliz, et son plesir
Soit fait ; [or] dont, de par Jhesus,
Celle colompne et ses viertus
Soient destruite maintenant.   3085
En non du Pere tout puissant
Je te veul oure desrochier.
Et desroche la colompne [2].
Silete.

---

1. La colonne du Petit Saint-Bernard.
2. Ces dernières scènes sont encore empruntées, pour le fond, à la légende de Richard de la Val d'Isère, qui, après avoir rapporté l'élection de Bernard à l'archidiaconat d'Aoste, par l'intervention miraculeuse de S. Nicolas, en l'an 966, ajoute ce qui suit :
« *Qui quidem Bernardus, archidiaconatus Augustensis dignitate*

XVII

[Au Mont-Joux.]

Nostre Dame.

Anges, venés acompaignier;
Descendre vuel a la montaignie.

Gabriel l'angel.

3090   Dame de toute grace plenne,

sanctissime sublimatus, humilis et devotus, tantam perhorrescens ruinam paratam humanæ saluti, beati Nicolai suffragia postulavit. Qui apparens peregrinus, auditus est dicens :

« *O Bernarde, montis alta ascendamus, per abrupta transeamus; fugabimus dæmonia, illamque statuam Jovis, dæmonibus circumdatam, christicolas tam turbantem, diruemus in fragmina, et columnam carbunculi illius statuæ : post ibi hospitalia fundabimus utilia et canonicorum regularium cænobia. Eris in turba decimus ; dæmon non erit nocivus ; statuam ligabis per collum et fragminabis ; dæmonia conjurabis, in chaos montium ligabis atque locabis : usque in diem sui judicii nulli poterunt nocere.*

« *Post quæ Bernardus montes avidius, turbæ decimus, ascendit, detinens manu bordonum præsidentis victoriæ, ex tunc dedicatum deferri in divinis officiis [per] archidiaconum Augustensem pro tempore existentem ; transivit per statuam, ut ipsum ipse dæmon, juxta morem suum profanum, pro decima tentaret supprimere. Quem dæmonem formidantem, pariter et statuam, de stola benedicta, in catenam ferream conversa, præter id quod manu tenebat, per collum alligavit. Cumque debita divinatione adjuratum, in chaos magnum tartareamque abyssi profunditatem objurgantium sibi propinquorum montium Malethorum, inter tres diœceses (videlicet Augustensem, Gebennensem et Sedunensem) semper absconsorum, caliginosis nubibus reclusum, usque in diem sui judicii nemini nocere potentem, objurgavit ; statuam primo, et post columnam lucentis carbunculi, oculum profanæ statuæ appellati, penitus in fragmina confregit, nunquam alicui alteri nocituros.* »

(Acta SS. junii, II, 1077.)

Nous sumes prest de vous servir.
Et doyvent chanté les anges : Virgo Dei genitrix.
NOSTRE DAME.
Bernard, je suis voulu venir
Par divers toy pour confourter.
Mon chier filz t'a voulu donner
De sa grace pour sa viertu : 3095
Tu as bien l'ennemy vaincu
Et du passaige fors banni.
Bernard, tu m'as tout temps serviz
Et encore me serviras :
Une egleyse tu fonderas 3100
Ycy endroit et la maison
D'une belle religion,
Par magniere d'ung hospital
Pour pouvre gens gardé de mal.
Au non de moy tu ly feras, 3105
Et aussy de sainct Nycholas.
Ainssy le fais que je l'ordonne,
Car en celluy mainte personne
Trouveront leur neccessité,
Comme il a moult long temps esté. 3110
Lieu desolé, desoremays
Il sera lieu de toute pais.
C'estoit le lieu de l'Antecrist :
Maintenant sera a Jhesu Crist,
Ou pouvre seront confourté 3115
Et refait de leur pouvrité.
Or fais ainssy que je te dis.
SAINCT BERNARD, *a genoulx.*
Chiere Dame, j'ay bien oÿ
Ton glorieulx comandement.
Je te regracie humblement 3120
Quam de moy, ung pouvre pecheur,

3107 *Ms.* fait.

As voulu faire tam de honneur
D'aparoir et toy demonstrer.
A toy, Dame, qui [es] sanz per,
3125 Je me renz et veul obeïr,
Et te promet de acomplir
A mon pouoir la dicte egleyse,
Et l'ospital a ta devise
Feray fayre au plesir de Dieu.
       NOUSTRE DAME.
3130 Aussy voulons qu'en l'aultre lieu,
Ou tu as destruit la colompne
De Jupiter, tu ly ordonne
Une mayson pour pouvre gent.
Une egleyse et [puis] ung couvant,
3135 Comme ycy, tu ly fonderas,
Et tout au non sainct Nycholas,
Qui en sera le droit patron ;
Et j'auray la protection
Et garde comme souverainne.
3140 Bernard, auraz assés de peinne :
Soye diligent ; je t'ayderay.
       SAINCT BERNARD.
Dame du ciel, ce que pourroy
En ton saint non veul comancier,
Les mayson et edifier,
3145 Et mectre gens contemplatif,
Des quieulx Dieu sera bien serviz
Et pouvre gens reconfourté.
       NOUSTRE DAME.
Bernard, par toy il sont osté,
Les erreurs de tout le païs :
3150 Je m'en retourne en paradis ;
Mon fils Jhesus te vueille aydier.

3132 *Ms.* je ly ordonne. — 3140 *Ms.* B. tu a.

SAINCT NYCHOLAS.
Aller me fault acompaignier
La mere de mon Createur.
Aies tousjours ung parfait cuer
De parfaire les hospitaulx, 3155
Pour gardé pouvre gent de maulx.
Ycy se fayra mainte aumonne,
Car c'est le passage de Romme.
Dieu veult ycy estre serviz.
A Dieu [te] commant, doulx amis; 3160
Panse de bien edifier.
Silete.
SAINCT BERNARD.
Je doy bien Dieu regracier
Et sa mere de cest bienfait.
Or est cestuy paissage en pais;
Passer peult chescum seurement. 3165
D'ycy ne fais despartement :
Confourté veul toust le passans,
Et conduire petit et grans
Sans peril et sains destorber.

Adont le clerc sainct Bernard, estant a Sainct Remy, di[t] a l'oste :

XVIII

[A Saint-Remi.]

LE CLERC SAINT BERNARD.
Mon ostel, je vous vuel prier 3170
Que vous venés avesque moy
Lassus hault, car, en bonne foy,

J'ay grant paour que ces ennemys
N'ayent mon maistre mort ou pris;
3175 J'en suis en grant sospicion.
    LE HOSTE DE SAINT REMY.
Je cuyde, a mon opinion,
Qu'il sont passez outre le mont.
Montons a la montaigne, dont
Se sarons qu'il est devenu.

> *Et montent, et, quam yl sont monté, le clerc dist a saint Bernard:*

XIX

[Au Mont-Joux.]

    LE CLER DE SAINCT BERNARD.
3180 Mon bel [sire], je suis venu
    Avec nostre hostel cy present;
    Nous avient trés grant pensement.
Comment este vous eschapé?
    SAINCT BERNARD.
Nostre Seignieur si soit loé!
3185 J'ay destruit celle faulce ydole
Et lié de la sancte estole.
A Monmalet l'ay confiné
Et de part Dieu l'ay conjuré;
Jamais n'offendra a nully.

3179 *Ms.* Se serons. — 3182 *Ms.* passement. — 3183 *Ms.* Comme.

LE HOSTE DE SAINT REMY.
Bien debvons estre resjoÿ 3190
Quant seurement ung peu passer
Et de nuyt et de jour aller
Sanz recombrie alegrement.
SAINCT BERNARD.
Ça, mon hostel, alé vous ant
La bas trouver de compaignions, 3195
De bon chapuis et de masson.
Je vuyl fayre icy edifice
Ou se fera le Dieu service,
Aussy charité et aumonne.
LE OSTEL DE SAINT REMY.
Je vous trouveray ung bon homme 3200
Qui prendra trestout a pris fait.
Actendé ycy, s'il vous plest,
Et tantost seray retourné.
SAINCT BERNARD.
Par ma foy, je vous scet bon gré
De la painne que vous pregniez. 3205

XX

[A Saint-Remi ou dans la ville d'Aoste.]

LE HOSTE DE SAINT REMY *au masson dist* :
L Y trés bon jour vous soit donné,
Maistre masson. Je suis venu
De part ung seigneur qui la sus

3193 *Corr.* S. encombrier? — 3194 Ça, *ms.* Sa.

Veut amploier de son argent
3210 A faire ung edifiament,
Et a pris fait le veut donner.
LE MASSON.
S'il nous veuz bien guer[re]donner,
Nous yrons faire sa bessoignie;
Maistre chapuis, que dicte vous?
LE CHAPPUIS.
3215 Appareliez nous sommes tous
Pour gaignier, se trouvés a quoy.
LE HOSTE DE SAINT REMY.
Venés vous en avesque moy
Lassus [en] hault, a la montaignie.
LE MASSON.
Non feray, pour la Magdelenne!
3220 Le grant dyable se yl demeure.
LE HOSTE DE SAINT REMY.
Il n'y a pas encore une heure
Que j'en partiz : n'y a que bien.
Il ne vous fault doubter de rien ;
L'archidyaque cy il est.
LE CHAPPUIS.
3225 Alons y dont; je suis toust près.
Avesque vous seront bien seurt.
LE MASSON.
Or alons; toutefoy j'a[y] paour.
Mais en vous je me reconforte.
L'OSTE SAINT REMY.
Atachiés est d'une bien forte
3230 Chainne de fers en lieu desers.
L'archidyaque l'a desert
Et destruit, n'en fault plus doubter.
Alons trestout a luy parler.

3216, 3220 ce, *ms.* se.

XXI

[Au Mont-Joux.]

[L'HOSTE DE SAINCT REMY, *a saint Bernard*.]
Veé le la. Mon seignieur, vecy
Ung masson, et chappuis aussy, 3235
Qui feront trés bien vostre ouvrage.
SAINCT BERNARD.
Je vuel fayre en cestuy passage
Une mayson et une egleyse,
Mes biaus enfans, de bonne guise,
3240 Forte et puissant contre tous vens.
LE MASSON.
Nous serons assés diligent
[A] despachier l'euvre bien tost.
SAINCT BERNARD.
Puis que sommes en bon prepos,
Je veul si fayre pour rayson
3245 Une forte et grosse mayson
Et l'egleyse tout en tenant.
Gardé que vous seray donnant.
Vous veé le lont, aussy le large.
LE MASSON.
Ce sera un trés grant ouvrage.
3250 Il fauldra [bien] mille ducas.
SAINCT BERNARD.
Entendés, enfans, vostre cas :
Pour murs, et aussy [pour] couvrir,

3247 *Ms.* G. que je vous.

Huit [cens] ducas vous veulle offrir,
Et, s'il vous plest, soyés contens.
   LE CHAPPUIS.
3255 Et ce que nous donront le gens
Sera nostre par ce marchiés?
   SAINCT BERNARD.
J'en suis assés joyeulx et lié.
Je vous recomande l'ouvrage.

XXII

[Au bourg Saint-Pierre.]

Cy aryvent le .iiij.¹ clerc, dont le premier dist :
   LE PREMIER CLERC.
ENFANS, nous sommes au passage
3260 Perrilieux, qui fait a doubter.
Vous avés bien oÿz compter
Le peril qui [ci] est souvant.
   LE IIᵉ CLERC.
Aler nous fauldra sagement
Et demander le droit chemin.
   LE IIIᵉ CLERC.
3265 On vent ycy devant du vin ;
Je voys l'ansigne : *la Croys blanche*.
Il fault que l'ung de nous s'avance
Et amplir bien nostre boutaille.
Si demandons ycy nouvelle

3257 *Ms.* lié et joyeulxı. — *Il faut sans doute corriger* .iij. *car on n'en voit que trois en scène.* — 3267 l'ung, *ms.* long.

Comment on passe la dessus. 3270
  LE PREMIER CLERC.
Ho ! hostel !
  LE HOSTE DE SAINCT-PERE.
  Bien soyés venus.
Voullés logier ? Entré dedans.
  LE PREMIER CLERC.
Hoste, nous sumes pouvre gens
Et n'avons bien de quoy despendre.
Si vous plaist de nostre argent prend[r]e, 3275
Pour deulx blanc nous baillé de vin.
  L'OSTE DU BOURT SAINCT-PIERE.
Foy que je doibt a sainct Martin,
Je le feray trés volantier.
Ce seroit assés grant pechier,
Qui vous layront avoir default. 3280
  LE IIe CLERC.
Et comment passe on la hault ?
Il fait yl si malvais qu'on dist ?
  LE HOSTE DU BOURG SAINT-PIERE.
Vous passerés sans contredit
Et sans dangier, mes biau enfans.
Ilz y a plus de cinq cens ans 3285
Que le chemin ne fust plus seurt.
Il y demeure ung bon seignieur
Qui y fait fayre une mayson
D'une belle relegion
Qu'i veult fonder droit la dessus. 3290
  LE PREMIER CLERC.
Se nous il seriesmes receu
A estre la relegieulx [1] ?

3170 *Ms.* Comme on. — 3275 Si, *ms.* Et. — 3282 fait, *ms.* faul.

1. Ce tour de phrase est encore employé pour interroger dans certaines parties de la Savoie, notamment dans la vallée de Chamonix.

L'OSTE DU BOURT SAINCT-PIERE.
Le seignieur est bien gracieulx.
Vous le trouverés; parlé luy.
3295 J'em ay tant de bien dyre oÿ !
C'est merveille de son affayre.
LE SECON CLERC.
Devers luy il nous fault retrayre ;
Lassus alons legierement.
LE IIIe CLERC.
A Dieu, hoste, pour le present;
3300 Monter volons a l'avanture.
LE HOSTE DU BOURG SANCT-PÈRE.
Enfans, Dieu vous aye en sa cure
Et vous dont fayre son service.

XXIII

[Au Mont-Joux.]

SAINCT BERNARD.
Quant sera fait cel edifice,
Je veult mectre religieux
3305 Pour aydier et recepvoir ceulx
Qui passeront par la montaigne.
LE PREMIER CLERC.
A monter yl y a grant painne.
Nous sumes tantost au copet.
Disons au seignieur, sy ly plest,

3294 *Ms.* p. a luy.

De nous enseignier le chemin. 3310
Mon seignieur, pas ne sçavons bien
La voye ou nous debvons tyrer;
Si vous plaist, vueillés nous monstré
Le chemin et la droite voye.
   Sainct Bernard.
Mes biaulx enfans, Dieu vous dont joye! 3315
Ou voulés vous tout droit aler?
   Le premier clerc.
A Romme, syre, demourer,
Pour servir quelque bon seigneur.
   Sainct Bernard.
C'est bien fait de tendre a honneur;
Par service ung est avanciez. 3320
Voudriés estre pronunciez
A entrer en relegion?
   Le premier clerc.
J'em avoye devocion
Se je trouvoye lieu propice.
   Le IIe clerc.
Ossy vouldrois le Dieu service 3325
Fayre, et venir homme d'egleyse.
   Le IIIe clerc.
Je y ay mon entente mise,
Se Dieu plaisoit et Nostre Dame.
   Sainct Bernard.
Enfans, le saluz de vostre ame
Vous querés, et faicte que saige. 3330
Saché de voir que cil passage
A esté trés bien perillieux;
Mes, au plesir Dieu glorieulx,
Doremays en sera asseur.
Se vous voulés avoir bon cuer 3335
De esser cy avesque moy,

3324 lieu, *ms*. bien. — 3331 *Ms*. quil sil. — 3336 esser, *corr*. ester?

Je vous feray, en bonne foys,
Religieulx de ce couvant
Dont je fait le commandament;
3340 Fayre pourrés ycy demeure.
Je ne resteray jour ne houre
Tant qu'il [y] ait ung hospital.

LE PREMIER CLERC.

Mon seignieur, Dieu vous gar de mal,
Que entrepris avés tel euvre
3345 Pour recepvoir et riche et pouvre.
Je suis contens de moy cy rendre.

LE SECON CLERC.

Et je aussy, s'il me veul prendre
Et recepvoir, je m'i presente.

LE IIIe CLERC.

Mes freres, il n'è pas m'entente
3350 De vous leysier n'abandonner.

SAINCT BERNARD.

Celluy qui tout bien [peut] donner
Si vous octroye de sa grace
Demeurer ycy tam d'espace,
Que acquerir y puissiés la gloyre
3355 Et que perpetuelle memoyre
Soit de vous en bonne magniere.
Nous ferons devote priere,
Que bien puisson nous commancier.
[Mais] ung po je veul declarer
3360 Et dire de m'entention.
Je fonde la relegion
Subs la regle sainct Augustim [1],
Et en romant et en latin
Ainsy a tous les peuples [crie];

3341 *Ms.* Jamais ne.

1. C'est Innocent III qui, en 1215, soumit les religieux du Mont-Saint-Bernard à la règle de saint Augustin.

Dont ma dame sancte Marie 3365
En fera garde, s'il luy plest.
Sainct Nycholas sera après
Le patron et le droit seignieur.
Mes enfans, aiés tous bon cuer.
Chescun ung froc vous fault pourter, 3370
Lequel je vous vouldray poser,
L'enseigne de religieux.
　　　　Le premier clerc.
Nous nous tenons [pour] bien eureux
D'estre premier [sous] celle abit,
En priant le doulx Sainct Esprit, 3375
Qui de sa grace vous inspire.
　　　　Le cler de l'archidyaque.
Helas! je vous prie, chier syre,
Que je soye de vostre gens.
　　　　Sainct Bernard.
Mon bel enfant, j'em suis contens.
Je [te] mectré aussy le froc; 3380
Et anssy ferons po a po
Une asemblée gracieuse
Et une euvre bien fructuose
Pour le temps qui est advenir.

XXIV

[A l'évêché d'Aoste.]

Sainct Michiel archangel.
Tu te doibt bien fort resjoïr, 3385
　Evesque d'Oste, et ton païs,
　Car Bernard a le dyable pris
Et atachiez et conjurez.

A Mon-Jo il est arestez,
3390 Ou il fait faire ung bel couvant,
Soyés trestout bien diligent
D'aler encontre et fayre honneur,
[Car] par luy est osté l'erreur
Et malice de cest païs.
    L'EVESQUE D'OSTE.
3395 Begny soit Dieu de paradis
Que tel nouvelle si m'envoye.
Nous debvons bien avoir grant joye
De la vyctoyre mervillieuse.
Vierge Marie glorieuse,
3400 Tu soyes begnie et louée !
Fayre nous fault grant assamblée
Et l'aler querir de present.
Procession honnestement
Il fault fayre; allez toust sonner.
3405 Je veul de ma grace donné
.XL. jour[1] qui y viendra.
    LE CHAPELLAIN.
Je voy sonner tam quon l'orra,
Pour assemblé toute la ville...

3397 avoir, ms. aves. — 3408 *Après ce vers il manque un feuillet.*

1. Quarante jours d'indulgence.

XXV

[Au Mont-Joux.]

[Sainct Bernard [1]]

. . . .
Que il ne passe droit cy homme
Ne femme qui en la maison 3410
Ne pregnie recreasion ;
Anssy est de Dieu ordonnée.
Je vay devers celle assemblée [2] ;
Je vous recomande l'affayre.
Le premier clerc.
Noustre chier [seignieur] de bonne ayre, 3415
Nous ferons le mieulx que pourrons,
Et [tous] le pouvres recepvrons ;
Au riches feronz bonne chiere.
Sainct Bernard.
Mes enfans, pour bonne magniere
Les aulmones destribués, 3420
Et largement a tous donnés :
Dieu envoyra assés de quoy.
A Dieu vous commant ; je men voy.
Mon clerc, tenés moy compaignie.
Hélas ! mon seigneur [3], cest n'est mie 3425
Rayson de prendre celle painne

3409 cy *ms.* sy. — 3418 *Ms.* Et au r.

1. S'adressant à ses religieux.
2. L'assemblée du clergé d'Aoste, qui s'avance, l'évêque en tête.
3. Il parle à l'évêque.

L'EVESQUE.

C'est alegrance qui nous mainne,
Archidyaque; bien viegnant.
Je regracie ly Toust Puissant,
3430 Qui vous az donnez tel victoyre,
De laquella sera memoyre
Jusque[s] au jour du jugement.

SAINCT BERNARD.

Mon seignieur, Dieu omnipotent
Par sa puissant grace divine
3435 Le vous rende; hélas! ne suys digne
De tant de honneur qu'on me fait ore.

L'EVESQUE.

Si este, frere : plus encoure
Ne pourriens fayre noz debvoir,
Car bien povons trestous sçavoir
3440 Que pour vous sommes deslivré
De l'ennemy qui az navré
Pluseurs gent, ausy mis a mort;
Et pour [ce] nous aresme tort
Se ne vous faisiens reverance.

SAINCT BERNARD.

3445 Mes seignieur, c'est vostre clemence
Et vostre grant benignité.
Nostre Seigneur pour sa bonté
Me dont grace de le vous rendre.

L'EVESQUE.

Nous ne sariesme assés comprendre
3450 Tant de honneur que a vous appartient,
Par negligence que nous tient.
Chantons trestout joyeusement,
Pour cest joyeulx advenemant,
A haulte voix, sains nul reffus,

3434 *Ms.* puissante. — 3449 *Ms.* sariesmes.

Chantons *Te, Deum, laudamus.* 3455
   Silete.
  SAINCT BERNARD.
Mon seignieur, j'avoye en prepos
De maintenant dire deux mos,
S'il vous plaisoit ycy rester
Et de moy ung po escuter.
Verité est que au temps passé 3460
Moult grant erreurs sy a esté
En cest païs tout d'environ,
Par la malvaise habusion
Et la trés grande ydolatrie
De Jupiter, que Dieu mauldie. 3465
Et aussy il est bien mauldist,
Car je treuve en ancien escrip
Que Jupiter, filz de Saturne,
Fus riches de bien, de fortune,
Regnant partout en cestui lieu. 3470
Et se faisoit tant comme dieu
Adorer; puis, après sa mort,
Ses gens furent en desconfort.
Puis firent celle gent treffolle
A son honneur feyre une ydole, 3475
Disant qu'elle faisoit viertus.
Le dyable, de malice emus,
De tenter creature humainne,
D'abuser gens mectoit grant painne :
Il se buta dedans l'ydole, 3480
Et la tenoit la grant escole,
Parlant de chouse mervilliousse,
Contre la foy moult eutrageuse,
Tout vice tornent en viertus ;
Dunt plusseurs furent corrompus. 3485
Il donoit es gens grans torment,

3457 *Ms.* De vous maintenant.

Puys leur donnoit alegemens,
Et ainsy plusseurs adorer
L'aloyent pour graces empetrer.
3490 Il avoit levé ung piage,
Le disme, [qui] par son oultraige
Ly demouroit sains point failly.
Mès Jhesu Crist pour son plesir
Y a proveheu et mis estat,
3495 Car le dyable plain de barat
Et ses complices sont lié
De par Dieu et bien atachié.
Monmalet, un lieu moult sauvaige,
Luy ay baillé pour heritage
3500 Jusque[s] au jour du jugiment.
Mes seignieur, pour commandement,
Ung hopital y vueil fondé
Pour pouvre gens reconforté,
Une egleyse et religioulx,
3505 Dont sainct Nycholas glorieulx
Sera patron et protecteurs,
Et la mere du Createurs
En sera dame et souverainne.
Je veul aussy prendre la painne
3510 De fonder deseur la colompne
Une mayson pour fayre aulmone,
Une egleyse et ung hospital,
Donner reygle trestout egal
A la reigle sainct Augustim,
3515 Ou feront l'office devim.
Colompna Jou on ly dyra;
L'aultre *Mon-Jou* se nommera [1].

3496 ses, *ms.* cest. — 3498 un, *ms.* en. — 3510 *Ms.* De f. ung seur. — 2515 *Ms.* Ou ung fera. — 3517 se, *ms.* ce.

1. Depuis longtemps déjà, *Columna Jovis* était le nom du Petit-Saint-Bernard, et *Mons Jovis* celui du Grand-Saint-Bernard. — Ce

Qui leur fera aulmone ou don
Il aura grant grace et pardon.
Chescum s'aidera, si Dieu plest, 3520
Tamque le bien sera parfait.
Vous debvés par plusseurs rayson
Exaucier celle deulx mayson,
Car elle sont sur le paissaige
Ouquel yl n'a ne fol ne saige 3525
Qui n'ait mestier d'avoir secors.
Mon seignieur, nostre terme est cors;
Faysons bien et n'atandons plus,
Qu'en la fin n'en soyens deceu.
Les hospitaulx vous recomande. 3530
Il y a une secte grande
D'erege faulx par ce païs,
En Lombardie encore pis :
Pour quoy, s'il plaist a mon seignieur
L'evesque, j'avoye en mon cuer 3535
Proposé d'y aler prechié [1];

3532 faulx, *ms.* fault.

discours ainsi que plusieurs des scènes précédentes, correspond au passage suivant de la légende de S. Bernard : « *Post hæc statim reductus diligenter ad regimen suæ propriæ archidiaconalis dignitatis Augustensis, divina officia officians, in suis sermonibus assiduus, dæmonum fugationem statuæque, columnæ et carbunculi, donante Domino, eversionem declaravit; hospitaliaque et cœnobia, tam egenis quam opulentis necessaria, fabricanda intitulavit, sicut post ordinata atque ornata fuerunt, in quolibet monte unum... Quod quidem cœnobium, et aliud in altero monte Columnæ Jovis, ambo sub nomine sancti Nicolai pro patrocinio, omnibus necessariis fulcita, construi et dotari, ac ornari, ibique canonicos regulares, laudibus Deo, egenis et divitibus in alimentis et obsequiis servientes, instituit;* [*quæ ipsemet*] *beatus Bernardus primo bona sua exponendo benigne procuravit, nec non vias et itinera per abrupta explanari.* » (*Acta SS. junii, II, 1077.*)

1. Les légendes de S. Bernard ne parlent pas d'une hérésie particulière répandue en Lombardie; mais il fallait expliquer son départ pour cette contrée, où il alla mourir.

Pour mes hospital avangier,
Me fault travaillé nuit et jour.
L'EVESQUE.
Archidyaque, vostre honneur
3540 Et vostre bien nou plaist trés bien,
Car nous tous par vostre moyen
Somme quicte de l'ennemy
Jupiter, qui tant d'ennuuy
Nous a fait; Dieu en soit loé!
3545 Bien vouldroie que en la cité
Demouressiés sans aler hors.
Vous este tout nostre confort;
Nous vous prions que cy resté.
SAINCT BERNARD.
Je vous prie que me pardonnez,
3550 Mes seignieur; il fault travaillier,
La sancte Escripture avancier.
Par Lombardie m'en yray,
Et mon debvoir la je feray,
Au plesir Dieu, de publier
3555 Nostre foys, et pour exaucier
Christianté il m'y fault aller.
L'EVESQUE
Or pensé brief de retourné,
Car bessoing faites au païs.
SAINCT BERNARD.
Tout au pleysir de Jhesu Crist
3560 Retourneray, quam Dieu playra.
Mon seignieur, ne vous desplayra,
Je requiers benediction.
L'EVESQUE.
Jhesus, qui souffrit passion,
Vous benye, sire Bernard,
3565 Et vous dont bien parler lombar,

3545. *Ms.* vouldroient. — 3546 *Ms.* Dehors. — 3551 *Ms.* Et las.

Que converty vous les puissiés.
Silete.
Sainct Bernard.
Vous, mes seignieur, a Dieu soyés.
A Dieu, toute la compaignie :
Je m'en vay droit en Lombardie
Pour prechier la saincte Escripture. 3570
D'estudier fault avoir cure
Pour converty cest heretique,
Et nous fault avoir de pratique
De quester pour les hospital.
En ce monde n'a que travail 3575
Et painne pour passé sa vie.
Il nous fault aller à Pavie,
A Melan, et puys a Novare :
Je ne veul leissier lieu ne quarre
Que ne visite ceste année [1]. 3580

XXVI

[A Novare.]

Le clerg Sainct Bernard.

Mon seignieur, veé la assemblée
De gent de bien : alons a eulx.
Il me semblent religioux ;

3582 *Ms.* along

1. La légende de Richard est muette sur le voyage du saint en Lombardie ; mais une seconde légende, écrite, selon toute probabilité, par un moine de Saint-Laurent de Novare, en parle assez longuement et mentionne en particulier son passage à Pavie, dont il aurait défendu les habitants contre un prince du nom d'Henri, marchant avec son armée sur la ville de Rome (*Acta SS. junii*, II, *1084.*)

Bon sera de le visiter.
SAINCT BERNARD.
3585 Alons les doncque saluer.
Mes seignieur, Dieu vous dont sa grace.
LE PRIEUR DU MONASTEYRE DE SAINCT-LAUREN DE NOVARRE.
Mes biau freres, et vous se face,
Et soyés le tres bien venu.
Ou je vous ay bien mescognius,
3590 Ou vous este l'archydyaque
D'Oste, qui faicte tabernacle
A Mon-Jou, dont on parle tant.
SAINCT BERNARD.
Prieur, Jhesu, roy tout puissant,
Ouvre partout ou il ly plaist.
3595 Se l'ospitaulx estoit parfait
Dont vous parlé, bien profitable
Il seroit et chouse notable
A sçavoir [par] nature humanne.
J'em ay biem eu ung po de painne
3600 A comancier le dit ouvrage;
Pour quoy, a faire brief laingage,
En ce païs je suis venu
Par Lombardie sus et jus,
Pour augmenter celle mayson.
LE PRIEUR.
3605 Par mon serment, c'est bien rayson
Que chescun s'aide a la parfaire.
Vous en avez et painne et herre,
Et faicte grant bien et aumone,
Car la passent mainte personne
3610 Que ont bien mestier de confort.
Vous avez conjuré a mort
Et destruit la grant estatue :

3591 *Ms.* qui f. le t. — 3595 Se, *ms.* Ce. — 3603 *Ms.* En L. haute et basse. — 3605 *Ms.* serement.

Begny soit Dieu de la venue;
Bien desirient [de] vous voir.
           SAINCT BERNART.
J'aroie, sire, grant voloir   3615
D'accomplir l'ouvre commencie,
Et, se cest n'est la bonne aÿe
Des bonnes gens, riens ne povons
Feyre de nous. Mis y avons
Relegieux, qui serviront   3620
Riches et pouvres par le mont,
Qui est dangeroux a passer.
           LE PRIEUR.
Sire, je veul que repouser
Vous plaise dedans ce convant;
Se nous feré ung prechement,   3625
Quam vous plaira, tout az vostre ayse.
           SAINCT BERNARD.
Sire prieur, ne vous desplayse,
Je ne suis pas bien despousez :
J'ay partout prechiés et criez;
Mais le monde riens ne s'emende   3630
A pourchassié son sauvemant.
Mais que fuz compli mon convant,
A Dieu aultre je ne demande,
Que d'asemblé de la viande
Pour pouvre passans a Mont-Jou.   3635
           LE PRIEUR.
Archidyaque, la viertus
Que est en vous plusseur conforte.
Faicte avés bactaille moult forte :
Le surplus bien acomplirés.
Vostre hospitaulx bien furnirés;   3640
Chescun il donra volantiers.
Vous scerés ceans bien logiez :

3617 *Ms.* Et ce cet nest. — 3642 *Ms.* seans.

Voycy une chambre pour vous.
Nous vous voulons fayre trestout
3645 Le bien que [fayre] nous porrons.
    SAINCT BERNARD.
Mon clerc et moy vous marcions
Et retenons nostre logis,
En priant Dieu de paradis
Qu'il le vous rende, mon biau sire.
    LE PREMIER MOYNE.
3650 Je vous prie qu'il vous plaise dyre
Toute vostre neccessité,
Car de bon cuer, en verité,
Vous servironz a nous povoir [1].

---

1. Pour le séjour du saint à Novare, le dramaturge paraît s'être guidé également sur la légende que nous venons de citer et qui est évidemment d'origine lombarde. Voici ce qu'on y lit : « *Dei vero servus, Papiæ commoratus paululum, Novariam inde progressus expetiit, et, credo, Domino dispensante, profestum natalis B. Laurentii Sacerdotis et Martyris, ipso die quo advenit, celebrabatur... Quia lætabundi fiebant homines de ventura sancti festivitate, gaudium illis agebatur tanti viri præsentia fruituris. Tunc Martyris antedicti monasterium adiens S. Bernardus, ibidem hospitio susceptus est. Sed jam gravius infirmitate, qua sancta ejus anima de carcere corporis erat exitura, paucis alloquens populum, stratum quo raro potitus fuerat, increbescente dolore febrium, exquisivit. In quo sex hebdomadas et eo amplius faciens, quamquam debilis, cœlestia tamen monita proferre non desinebat. Ad eum namque veniebat hominum multitudo, rusticorum, castellanorum, civium, clericorum, sed laïcorum ; quos ipse blandis divinisque sermonibus consolans, e mæstis alacres, et ex alacribus alacriores domum dimittebat.* » (*Acta SS. junii*, II, *1084.*)

XXVII

[Au château de Menthon.]

MENTON, MESSAGER, *dist au seignieur de Menton ce qui s'ansuis.*

Mon seignieur, je vous dist pour voir
    Que j'ay passé par la Val d'Oste,   3655
    Et m'a contez ung trés bon hoste
De mervilieux et grant miracle
Qu'a fait la ung archidyaque.
Tout je demandé bien son nom :
On li dist Bernard de Menton.   3660
Anssy s'apelle, et molt sage homme,
Comme famme et voix le renomme.
Il az le dyable combatu,
Et de part Dieu il l'a vaincu.
C'est merveille de l'oïr dyre.   3665

Et doibt avoir le seignieur de Menton barbe blanche.

    LE SEIGNIEUR DE MENTON.

Graciez en soit Nostre Sire ;
Il pourroit estre nostre filz.
Et que [ne] ly parla tu puis,
[Tant] que tu estoie de la ?

    MENTON, MESSAGER.

Mon hoste me dist et compta   3670
Qu'il estoit par la Lombardie,
Prechant partout, et saincte vie

3660 *Ms.* On list dist. — 3662 le renomme, *ms.* ly donne. — 3665 *Ms.* Cer merveille.

Il menoit, et faisoit fonder
Deux hospitaulx, pour demourer
3675 Religieux, sur la montaigne,
En ung passaige bien estrange;
Mon-Jou s'apelle, et au somonz
Il fonde la relegion,
Dont il az bon commancement.
3680 Chescum parle de cest convant.
On ly donne de moult biau dons,
Et si y a [de] grant pardons;
[Et la] tout homme il est receu.

LE SEIGNIEUR DE MENTON.

[Voir], par ma foy, tu m'as emeuz
3685 D'y aler et donné du mien.

DAME BERNOLINE.

Mon seignieur, vous ferés moult biem
De visiter celluy païs,
Et ayderés a vostre filz
A fayre sa religion.

LE SEIGNIEUR DE MENTON.

3690 Foy que doibs barbe de menton [1],
Je yray a cestui printemps
Et ly ayderé de mil frans,
Se Dieu plait, a fayre s'egleyse.
Dieu soit loé, quam il az mese
3695 Son entente a le bien servir.

DAME BERNOLINE.

Je suis contente de mourir
Et recepvrai la mort en gré.
Nostre Seignieur m'a bien amé
De m'envoyer telle nouvelle
3700 De mon filz; on ne peult plus belle

3676 En, *ms.* Et. — 3690 *Ms.* que je doibt. — 3692 *Ms.* mille.
3697 *Ms.* Et recepvoir.

1. N'y a-t-il pas ici un jeu de mots?

En ce monde de homme compter.
Hé! vray Dieu! vuelle moy donné
Tam d'espace que je le voye.
Nous debvons bien avoir grant joye,
Mon seignieur, d'avoir ung tel filz. 3705
    Le seignieur de Menton.
Loé soit Dieu de paradis!
Sy luy plait, encor le verront
Et de nous bien employeront
Largement, pour l'ameur de Dieu.
Je vuel [tost] aler voir le lieu : 3710
Plus joyeulx furnyray mes jours.
Or sont tournées nous douleurs
En toute joye et alegresse [1].

XXVIII

[Intermède.]

    Le meneur du jeu.
Dieu vous tiegnie toust en liesse,
  Seignieurs et dames, et soulas. 3715
  Bien avés entendu le cas
De sainct Bernard jusques ycy,
Qui a destruit tel ennemy

3707 *Ms.* encore. — 3708 *Ms.* employront. — 3712 *Ms.* tourné.

1. Malgré l'annonce que renferme ce dialogue, la scène de reconnaissance entre le père et le fils a été omise par le dramaturge, et c'est vraiment dommage.

   Et commença celle mayson [1],
3720 Ordonna la relegion.
   Son pere, seignieur de Menton,
   Et plusseur aultre hault baron
   Au temps d'adont si viseterent
   Mont-Jou et de leur bien donnerent.
3725 Long seroit de tout demonstrer.
   Pour habergié, layssons ester
   Tout cela, et tout seulement
   Monstrer volons du finement
   De sainct Bernard, et des miracle
3730 En monstrerons ou trois ou quatre.
   De fievre il [a] gariz pluseurs
   En sa vie, et d'aultre doleurs.
   Chescum venoit a sainct Bernart
   Grace querir de toutes part.
3735 En Lombardie, ou il prechoit,
   La fausse secte destruisoit.
   A Melam fist pluseurs sermons.
   A Novare fust grant renons
   De sa vie et sa sanctité.
3740 En sa legende est recité.
   Pour habergier, nous laiss[er]ons,
   Et a la fin nous conclurons
   A Novare, ou il defally,
   Fu de maladie saisy.
3745 Faicte paix; tantost sera fait.
      Silete.

3728 *Ms.* firmament. *Cf. le vers* 3877. — 3737 *Ms.* fust p. sermens. — 3738 *Ms.* g. ly renons.

1. L'auteur écrivait donc dans le couvent du Grand-Saint-Bernard, ou tout au moins le mystère devait y être représenté.

XXIX

[A Novare.]

SAINCT BERNARD.

Mon enfant, a cestuy cornet
De la rue, a ung hospital
Ou az de gens qui ont grant mal :
Je le vuel aler visiter
    Vadit ad hospitale.
Pour leur aydier a conforter ;   3750
Bessoing leur fait a tous l'aumonne.
Dieu gart de mal cestuy prodomme :
Este vous dont hospitalier?
  L'OSPITALIER.
Oÿ, syre, je vous requiers
Qu'il vous plaise de entrer dedans.   3755
La neccessité de ceans
Vous verrés et le mesesiés.
SAINCT BERNARD, *au paraletique dist :*
Mon amy, qui la vous gesiez,
Que[l] mal avés? Dicte le moy.
  LE PARALETIQUE.
Je vous dist, syre, en bonne foy,   3760
Que j'em vouldroit bien estre quicte,
Car je suis fort paraletique;
Ne me puis mouvé nullement.
  SAINCT BERNARD.
Dieu vous dont bon alegement!
    Au fyevroux dist :
Et vous, quel mal ore souffrés?   3765

LE FYEVROUX.

Mon seignieur, je suis malmenés
De fievre que j'ay eu grans temps.
SAINCT BERNARD.
Mon amy, Dieu est tout puissant,
Qui t'aydera par son pleysir.
L'AVEUGLE.

3770 Hélas! mal se peult resjoïr,
Celluy qui az perdu lumiere.
Je vouldroie bien avoir la fievre
Et que je veisse clerement.
SAINCT BERNARD.
Biaulx frere, Dieu omnipotent
3775 Peult tout fayre, qui az tout fait.
LE CLOP.
Hélas! l'aumosne, s'il vous plait,
Car je ne me puis soustenir.
SAINCT BERNARD.
Dieu vous veuille a tous sousvenir,
Biaux enfans, et reconforté.
3780 Je ne vous puys guerre donner;
Mais de ce po prenez en gré.
Tenés, tenés; en verité,
J'ay de vous grant compassion.
L'OSPITALIER.
Jhesus, qui souffrit passion,
3785 [Si] le vous rende et le vous mire :
Reconforté avés toust, sire,
Les pouvres gens de vostre bien.
SAINCT BERNARD.
Hospitalier, n'esparniés riens
Que je puisse. Mandez vers moy
3790 Se rien vous fault, par vostre foy :
J'ay ma chambre icy au convant.

3778 sousvenir, *ms.* soustenir.

L'OSPITALIER.
Je vous remarcie humblement,
Mon seigneur, de voustre bonté.
SAINCT BERNARD.
A Dieu soyés recomandé ;
Retraire me fault au convant[1].   3795

XXX

[La cellule de S. Bernard, au couvent de Novare.]

SAINCT BERNARD, *a son clerc*.

Mon bel filz, je vous ay comant
Qu'em ce monde je ne puis plus
Demouré : je suis viel, chenus,
Et tendre me fault a ma fim.
Avant qu'il soit demain matim,   3800
Vous laysseré, car Dieu le veult.
LE CLERC.
Bien sçay, maistre, que Dieu tout peult :
Se mal avés, bien vous pourra
Garir. Vostre deffault sera
Moult nuysable a vostre mayson ;   3805
De Mont-Jou la relegion
Perdra moult a vostre deffault.
SAINCT BERNARD.
Mon bel enfant, mourir me fault ;
Mays la mayson mays ne fauldra.

3802 Dieu, *ms.* bien. — 3803 Se, *ms.* Ce.

1. Voy. la note qui suit le vers 3653.

3810 Ma relegion durera
Jusques au jour du jugiment,
[Et] les grant aumone des gens
La multiplieront tous lé jour.
Je sans au corps grande doleurs;
3815 Couchier me fault dessus le lict.
LE CLERC.
Hélas! cy az peu de delit.
Mon seignieur, nous avons voysins,
Icy près, trés bon medicin :
Si vous plest, je l'yray querir.
SAINCT BERNARD.
3820 Biau filz, je ne vuel requerir
Pour meyge que mon doulx Saulveur,
A qui me rende de bon cuer.
Biem me gariraz, sy ly plest.
LE PRIEUR *au cler sainct Bernard dist :*
Mon enfant, vostre meistre ou est?
3825 Je ne ly vy de hier au soir.
LE CLERC.
Mon seignieur, a dire le voer,
Malades est pour le present.
LE PRIEUR.
Hélas! mon bel filz, et commant?
A il mal de quoi vous doubtez?
3830 Je veul qu'i soit bien visitez.
Alez voer se il ly plest riens.
LE SECON MOYNNE.
Mon seignieur, sommes tous ceans;
Volantiers le visiterons,
Et de vous biens ly porterons
3835 Largement, s'ilz en az mestier.
Archidyaque, mon trés chier
Seignieur, commant vous pourté vous?

3829 *Ms.* Ait mal. — 3832 *Ms.* M. s. nous s.

SAINCT BERNARD.
Trés bien, mon frere et amy doulx.
Je me respouse cy endroit.
Dieu marcy, je suis bien adroit, 3840
Anssy qu'il plaist Nostre Seigneur.
LE PREMIER MOYNNE.
Je veult, monseignieur le prieur,
Que n'esparnié chouse qu'il soit;
Car, si bon meyge il [y] estoit,
Il vous gariroit de subit. 3845
SAINCT BERNARD.
Je vous remarcie de bon cuer
Et de la bonne volanté
De mon seignieur; pour sa bonté
[Il] m'a fait de bien largement.
LE SECOND MOYNNE.
Nous vous prions toust humblemant 3850
Que nous dictes ou avés mal.
En celle rue, cy aval,
Il demoure ung bon medicin.
SAINCT BERNARD.
Mes freres, je tyre az ma fin,
Anssy qu'il plest Nostre Seigneur. 3855
Priés pour moy, pouvre pechieurs;
Je vous en prie maintenant,
Car en brief je seray rendant
L'esperit a mon Createurs.
Alez moy querir le prieur, 3860
S'il luy plest que ly vignie icy.
LE CLERC *au prieur dist* :
Mon seignieur, vostre bon amy
L'archydyaque vous demande.

3845 De subit, *qui ne rime pas, doit être corrompu, à moins qu'il manque deux vers.*

LE PRIEUR.
La bessognie seroit biem grande
3865 Que ne layroie pour y aler.
LE CLERC.
Il pert ja quasi le parler;
Las, mon seignieur, despachiés vous.
LE PRIEUR *a sainct Bernard dist* :
Comant vous va, mon amy doulx ?
Aiés bon cuer a Nostre Sire.
SAINCT BERNARD.
3870 Mon bel seignieur, Dieu le vous mire
De vostre visitation.
Je suis en voz relegion,
Ou je vous fait assés de painne :
La mere de Dieu souveraine
3875 [Si] vous rende vostre bienfait.
Mon bel prieur, je suis bien prest
De mon trespas et finemant :
Je vouloie mon testement
Ordonner en vostre presence.
LE PRIEUR.
3880 Archidyaque, la prudence
De vous se monstre maintenant :
Chescum le doibt feyre devant
Qu'i perde le sens et memoyre.
Quam Dieu vous vouldra en sa gloyre
3885 Appeller, vous en vaudrés mieulx.
SAINCT BERNARD.
Vous veez bien que je suis vieux
Et que ne puis plus travaillier.
A Dieu mon ame veul bailliér,
S'il luy plest de la recepvoir.
3890 As pouvre donne mon avoir ;
Mays il n'y a guerre que prendre.

3878 Je, *ms.* Ce. — 3885 vaudrés, *ms.* voudrés.

Mon corps a la terré je rende.
Les os seront destribuez :
En Oste seront toust pourté,
Mays Mont-Jou aura la moytié [1] ; 3895
Et humblemant je leur supplie
Qu'i les veignent yci querir,
Et qu'i leur plaise soubstenir
Ma relegion commancie,
Car a trestout je notifie 3900
Que je l'ay fay de la chevance
En partie de la substance
De la dicte archidyaconé ;
Dont tout temps [Dieu] soit honnoré
Du prevost et religieulx 3905
Comme le droit premier fondeurs
De la relegion de Mont-Jou.
   Silete.
    Dieu.
Nycholas, descendé la jus [2]
A conforté nostre Bernard,
Et si luy dicte de ma part 3910
Que par luy aura grant secors
Mon peuple la bas tous les jours,
Et que sa relegion fondée
Aura par tout grant renommée
Et multiplyera grandement [3]. 3915

---

1. Ce vœu, prêté au saint par le dramaturge, ne fut pas exécuté. Peut-être le monastère du Mont-Joux, auquel appartenait cet écrivain, prétendait-il posséder la moitié des restes de son fondateur. Mais il est certain que le corps de celui-ci demeura intégralement à Novare, sauf quelques parcelles distribuées beaucoup plus tard aux chanoines du Grand-Saint-Bernard et à la famille de Menthon. (Cf. les vers 4315 et suivants.)

2. Dieu parle au-dessus de la scène.

3. Ceci s'écrivait au moment où le monastère du Grand-Saint-Bernard était à son plus haut point de prospérité.

Sainct Nycholas.

Glorieulx roy du firmament,
Je m'en vays faire cest messaige.
O Bernard, ayes bon corage.
Tu as esté bon serviteurs :
La grace de Nostre Seignieur
Est avec toy, n'en doubte riens.
Par toy auront assés de bien
Plusseurs gent que te requerront ;
Par toy lé mort susisteront,
Par toy [lé] femme enfanteront,
Par toy les aveugle verront,
Par toy boyteus se dresseront,
Par toy de fièvres garriront,
Par toy les mus sy parleront,
Par toy mortalité cherront,
Par toy tempeste cesseront,
Par toy lé dyables s'enfuyront.
Tous ceulx qui en toy se fieront
Par toy la sancte gloyre auront.
Dieu t'atens a son sainct convive.

Et doyvent venir les dyables de loing.

Sainct Bernard.

Begny soit Dieu, qui tout delivre
Ses serviteurs de toust peril :
A Dieu maintenant mon esprit
Soit rendu en son sainct reaulme.

Et dit : In manus tuas, Domine, etc.

Dieu.

Michel, alez moy querir l'ame,
Et vous Gabriel, de Bernard.
Bien az gagniez d'avoir sa part
En paradis avesque nous.

3917 vays, *ms.* vayre. — 3922 auront, *ms.* recepvront. — 3930 cherront, *ms.* cesseront. — 3937 Ses, *ms*, ces. — 3938 *Ms.* esperit.

SAINCT MICHIEL.
Appertement par devant vous
Par nous sera tost presentée. 3945
SAINCT GABRIEL.
Ne ferons guere demeurée ;
Nous serons tantost revenus.
SAINCT MICHIEL *a l'ame dist :*
Saincte ame, qui a soubstenu
La foy prechier et augmenter,
Ton sainct lieu si est apresté. 3950
En paradis te pourterons ;
Tu es digne d'avoir honneur [1].

Et la portent en paradis, chantant : Iste confessor Domini sanctus.

3946 Ms. g. de demeure.

1. Pour le récit de la mort du saint, l'auteur du Mystère revient au texte de Richard qu'il n'a fait que paraphraser : *Postquam autem vixit virtuose in miserabili miseria hujus caduci seculi octoginta quinque annis, ex quibus claruit archidiaconus quadraginta duobus, salubria prædicavit et operatus est; festo sanctæ Trinitatis solennizato, postremo ultimo sermone suo finito, in quo superbos humiliavit, avaros uberavit, luxus compescuit, gulosos temperavit, iracundos pacificavit, æmulos cohortavit, desides properavit et versutias refrænavit, suavis documento, exemplo et opere; vultu serenus, verbo jocosus, flagrans ut nardus pigmentarius, festo sanctæ Trinitatis die serenato, in suo secreto oratorio devotus exorans ad Dominum, subaudivit vocem sancti Nicolai dulcissime resonantem : O devote serve Dei Bernarde, quia viriliter dimicasti, Deus te ad præmia vocat. Et rursum : Tuis meritis mortui suscitabuntur, gravidæ parturient, steriles uberabunt; dæmoniaci, caducantes, surdi, muti, lubrici, cœci, claudi, guttosi, febres, dentes, capita, viscera, stridores, mala et dolores sanabuntur; ignes, fulgura, tempestates, ruinæ, mortalitates et dæmonia non nocebunt justis qui per te suffragia quæsierint. Et cum idem sanctus Bernardus semper ad virtuosa operatus esset, jam æger, post prolixas devotasque orationes et continuas usque ad feriam sextam post ipsam sanctam Trinitatem, recommisit animam Deo, corpus terræ, congruam portionem ossium matri suæ Augustensi ecclesiæ, pariterque cænobio Montis-Jovis quando requireretur; exhortans*

LE FOL,

Sçavoir fais, de par mon seignieur,
Que chescum se prende bien garde :
3955 Le feu de sainct Anthoyne l'arde,
Qui me buta de l'aygue au vin !
Ou se prent le plus droys chemin
Pour aler droit en paradis ?
A Mont-Jou le dyable il fust pris
3960 Par sainct Bernard, et la dyablesse.
Elle fist, je croy, une vesse
Quam ung la mena espouser.
On ne la porroit mieulx poser
    Ha ! ha ! ha !
Que avec moy une grant dame.

SAINCT MICHIEL [1].

3965 Vray Dieu, la bonne ame
Que a sains diffame
Tous son temps vescu
Pour saincte reclame
Cy en ton reaulme.
3970 Par sa grant viertu,
La chars a batu,
Le dyable a vaincu,
Et le monde aussy.

3964 avec, *ms.* aves.

suos successores archidiaconos ut prædicta cœnobia cum suis suppositis, tamquam ex archidiaconatu principiata, favoribus dignentur præcipius; injungens primiceriis et cœnobitis quatenus archidiaconos Augustæ, per sua loca subeuntes, tamquam suos fundatores per honesta subsidia propinata honorifice reverenterque recipiant. Inde beatum spiritum emisit suaviter, jubilantibus angelis dulcissimis laudibus, ad Dominum per æthera elevatum, cum quo regnat in gloria. Cujus corpus sepultum est in devota ecclesia famosi monasterii Sancti Laurentii diaconi, juxta muros civitatis Novariensis, anno Christi millesimo octavo, decimo septimo kalendas julii. » (Acta SS, junii, II, 1078.)

1. Au-dessus de la scène.

Elle a soubstenu
Ta foy et tenu. 3975
Syre, la vey cy.
       SAINCT GABRIEL.
Roy du firmament,
Nous feysons present
A ta magesté
Ore de present 3980
D'ung qui sanctement
Au monde a esté.
Il az resisté
A mondanité,
Et trés saincte vie 3985
A tous jours mené;
Tant qu'il a duré,
Mais ne fist follie.
       DIEU.
Ma grant gloire est apparellie
A toy, Bernard, archidyaque. 3990
Ycy [près], a mon tabernacle,
Seras perpetuellement.
Chantés, anges, alegrement;
Resjoïr fault tout paradis.
              Cantant angeli.
     Silete.
   LE PRIEUR.
Il est traspassez, mon bel filz, 3995
Vostre maystre. Dieu soit loé !
Car j'ay les anges escoutez
Qui chantoi[e]nt pourtant son ame.
Begny soit Dieu et Nostre Dame
De cest sainct corps que nous avons ! 4000
       LE CLERC.
Mon seignieur, ce estoit ung sainct homs,

3989 *Ms.* Ma gloire grant a.

Que az demené vie honeste.
On doibt feyre de luy grant feste;
Mains miracles il az ja fet.

LE PREMIER MOYNNE.

4005 Encoure feyra, se Dieu plest :
Sa puissance n'est pas perdue.
De riens sa coleurs ne ly mue;
Vez vous la ung biau trespassez.

LE SECOND MOYNNE.

Jamais son corps ne fust lassé
4010 De fayre grande penitence,
Et donnoit toute la substance
Es pouvre gens et mesaisiez.

LE CLERC.

Aussy veul bien que vous sachiez
Que le ceril [1] aussy pourtoit,
4015 Et jamais de vim ne bevoit.
Trois jours junoit de la sepmainne.
Jamais sur plume ne su lainne
Ne dormoit. Oncques ne fust tel,
Car, je croy, pour homme mortel,
4020 On ne pourroit croyre la penne
Qu'i enduroit; aussy a painne
Qu'i se povoit plus soubstenir.

LE PRIEUR.

Il le fauldra ensepvelly
Le matin, et la nuyt vellier.

LE PREMIER MOYNNE.

4025 Il fauldra chescum travallier
A luy feyre honneur et debvoir.

LE SECOND MOYNNE.

Il fault ung [beau] draps d'or avoir,
A le couvrir honnestement.

---

1. *Ceril* doit être ici une forme altérée de *cilice*.

LE PREMIER MOYNNE.
Veé le cy, frere, bel et gent.
Cronnons le, et si le veillions; 4030
Et se disons les oroysons
Appertenant a tel seignieur.
Silete.
L'OSPITALIER.
Hélas! hélas! le grant doleur
Que nous debvons bien demener!
La mors en az voulu mener 4035
Le seignieur qui nous visitoit
Et de ses biens assés donnoit.
Nous avons huy assés perdu.
LE FIEVREUX.
A luy souvent me suis rendu
Et encore me recomande, 4040
Et de sa grace ly demande,
Car en luy ay bien ma fiance.
Hé! vray Jhesus, par ta puissance,
Donne az tel sains feyre miracle.
Cestuy trés sans archydyaque 4045
Est avec toy en paradis :
Anssy le croy que je le dis.
Je te supplie que de sa grace
De present humblemant me face
Que soie gariz de ma fievre. 4050
LE CLOP *se met a genoux.*
Ou non de Dieu et de sainct Pierre,
Je m'en vuel thyré ceste part
Vers l'archidyaque Bernard,
Pour quelque grace [en] impetrer.
S'il me pourroit ja feyre aler 4055
Tout droyt, je seray [bien] guery.
Ha! sainct Bernard, mon chier amy,

4032 *Ms.* appertement. — 4046 *Ms.* avesques.

Ayde moy par ta grant puissance !
Et chiet devant le corps.
L'AVEUGLE.
Varlet ! varlet ! par ta mechance,
4060 Ou es maintenant ? Vien a moy.
Hé ! Dieu, hélas ! pourquoy ne voy ?
Je t'yroye bien ore querir.
LE VARLET DE L'AVEUGLE.
Encoure pourré bien faillir
A trouver ung si bon varlet.
4065 Dicte maintenant que vous plait :
Veé moy cy trestout apresté.
L'AVEUGLE.
Je vouldroie qu'il me fust costé
Assés, et je te veisse pendre.
Je me vuel a cet homme rendre ;
4070 Mainne moy divers le convant.
J'ay ja sencti que mainte gens
Ont eu grace par divers luy.
LE VARLET DE L'AVEUGLE.
Je vous y mainne; il est yci,
Le corps trespassé de nouvel.
L'AVEUGLE *estant a genoux.*
4075 Je te prie et requiers, mon bel
Seignieur Bernard, archidyaque,
Qu'en moy veulles monstré miracle,
Que voir puisse de mes deulx yeulx.
Je croy, sire, molt bien que Dieu
4080 A ta requeste m'aydera.
LE FIEVREUX.
Begny soit Dieu qui tout creaz !
De la fievre je suis delivre.
Je te remarcie, biau doulx sire,

4060 *Ms.* Ou es tu m. — 4068 *Ms.* prendre. — 4075 *Ms* et te requiers.

Qui m'as garit et alegiez !
LE CLOP.
Vray Dieu, tu soie gracié, 4085
Et aussy le glorieulx sains !
De mes membres je suis tout sains.
Le crosses je veult leissier,
Et acoler et embracier
Le begnoy corps qui m'a gariz. 4090
L'AVEUGLE.
Hé ! Dieu, or suis je resjoÿ :
Ja [ai je] reçouvrez la veue.
La [grant] puissance Dieu est eue
En cestuy sains corps glorieulx.
Or ay je bien esté eureux 4095
D'avoir trouvez ung tel remede.
LE PARALETIQUE.
Hélas ! or n'ay ge nulz qui m'ayde
A moy pourté au bon corps saint.
J'ay entendu qu'il en sont maint
Gariz, qui ont esté requerre. 4100
L'AVEUGLE.
Compaignons, aler nous fault querre
Le malade de l'ospital,
Car il az, vous sçavés, tel mal,
Que venir ne pourroit [i]cy.
LE CLOP.
Vous dicte trés biem, mon amy ; 4105
Alons il faire nostre aumone.
LE FIEVREUX.
Or l'alons querir. Le bon homme
Prendrés ; la filie pourterons.
LE PARALETIQUE.
Las ! grant marcy, mes compagnons !
Vous me comparez grandement. 4110

4099 *Ms.* qu'il sont en maint.

LE MYSTÈRE

L'AVEUGLE.
Mon amy, le corps est pesant :
Fais ta requeste de bon cuer.
LE PARALETIQUE.
Ha ! sainct Bernard, vaillant seignieur,
Qui as destruit les ennemys,
4115 Je te prie que me soye amy
Et voilles avoir en memoyre
Moy impotent, malades, pouvre,
Qui n'ay [ung] mambre antier ne saint.
LE FIEVREUX *dy a genoux* :
Sainct Bernard, qui es souverain
4120 Medecin, pour la grace Dieu,
Ta viertu monstre en cestuy lieu
Sus les malades desolez.
LE PARALETIQUE.
Je me sencte bien consolé.
Je me vuel lever sur mes piés ;
4125 Je ne fus oncques plus amtier.
Loé soit Dieu et sainct Bernard !
Jamays ne querray fort ne cars [1] :
Pour Dieu je me vay travaillier,
Et m'ayderay az edifier
4130 L'ospital lassus, a Mon-Jou.
L'AVEUGLE.
Tu dis trés bien, et aussy jouz
Il vuel aler moy assaier.
LE VARLET DE L'AVEUGLE.
Et dya, maystre, ou voulé aler ?
Payés moy avant que parté,
4135 Ou debat a moy vous aurés,
Car je vous ay trés bien serviz.

4133 *Ms.* v. vous a.

1. *Forts* (deniers) et *quarts*, petites monnaies qui avaient cours dans le pays.

L'AVEUGLE.
Mon amy, jamais ne te vy
Jusques or : ne sçay qui tu es.
LE VARLET DE L'AVEUGLE.
Et ne suis je pas voz varlet?
Ne vous servoy ge comme maistre? 4140
L'AVEUGLE.
Tu as deserviz ung chevestre.
Aultre paye ne t'apartient.
LE VALLET DE L'AVEUGLE.
Par la mort bieu, s'on ne me tient,
Batu serés, ou me payrés.
L'AVEUGLE.
Dicte vous que [vous] me bactrez? 4145
Si hardy de moy riens tochié,
Car Jacquemars est au clouchié [1];
Vous ne serés ja si hardy.
LE VARLET.
Par le saing que bien respandi,
Je vous donray sur le musel. 4150
L'AVEUGLE.
Et tu auras sou ton cervel.
Or tien ce collet, malestreu !
LE VARLET.
Par la mort, vous serés batu,
Ou me paierés jusque a ung fort.
Et le bat, et fier l'aveugle son varlet sur le cervel.
[L'AVEUGLE.]
Qu'es ce, dia? tu frappe trop fort! 4155
Tu ne te truffes bien, le voy.
LE VARLET.
Torchiés serés, en bonne foy.

1. Locution proverbiale, signifiant que le bâton qui doit frapper est tout prêt. Jacquemart était le nom populaire du sonneur en fonte placé à côté des cloches, un marteau à la main, pour *frapper* les heures.

Tenés, maistre, tenés, tenés!
    L'AVEUGLE.
Hélas! hélas! je suis tués.
4160 Marcy te crie, mon varlet.
Je te payré a ton souhet :
Lais moy esté; je ne puis plus.
    LE VARLET.
Vous y serez trés bien batus,
Et me pairés, vuelle[z] ou non.
    L'AVEUGLE.
4165 Ou este vous, my compaignions?
Aydés moy, je suis desconfis.
    LE CLOP.
Qu'è cella? Saing que Dieu me fis,
Vous semblé estre deux coquins.
Il viegnent trestout le voysins.
4170 Resté; ne faicte plus de noyse.
    LE VARLET.
Par Dieu! compains, moult bien me paise
De le bactre; mays il a tort :
Ne me vouldroit donner ung fort
Du service que ly ay fet.
    LE CLOP.
4175 Paier fault bien vostre varlet,
C'est rayson, de tout son service.
Il az trés bien fait son office :
Il fault qu'il soit bien contentez.
    L'AVEUGLE.
Hélas! il m'a tout demembré,
4180 Tant m'a batu; je suis deffet.
    LE CLOUP.
Par vous estoit perdu ly plès;
Riem ne gaigniez avesque luy.

4162 *Ms.* Laise. — 4167 me, *ms.* ne.

Je vuel que vous soyés amys
Et que tout soit a nostre dicte
Du fievreux, du paraletique. 4185
Alons boyre trestous ensemble :
C'est pour ly meillieurs, ce me semble ;
Et la droit nous ferons la paix.
　　　Le varlet.
A grant painne se je le fais,
Se je ne suys premier paiés. 4190
　　　L'aveugle.
Tu m'as trés mal appareilliez,
Et batu ; oncques ne fu mieulx.
　　　Le varlet.
Mal jour dont Dieu, qui t'a les yeulx
Anssy gariz ; dolent j'en suis.
Ne resteray de querir huy, 4195
Tam que je treuve ung aultre orbache.
　　　Le cloup.
Alons boyre : il fault que je face
Ceste paix ; ne dicte plus mot [1].

4183 vuel, *ms.* voys. — 4189 se, *ms.* ce. — 4195 *Ms.* Je ne r.

1. Ici l'auteur du Mystère a suivi de nouveau la légende lombarde : « *Igitur jamdicti cœnobii patrum simulque fratrum caterva omni cum reverentia venerunt, et piis concentibus in basilicam sanctissimum corpus asportaverunt ; ad quod undique confluebat frequentia populorum, mœrentium quidem quod anima sua tam sancta talique colloquio carerent ; sed nimis lætantium quod ejus socia membra tractare mererentur.* » *(Acta SS. junii, II, 1085.)* Mais les détails de la scène sont entièrement de son imagination, et les miracles posthumes attribués par lui à S. Bernard ne répondent point à ceux qui figurent dans les légendes écrites venues à notre connaissance.

XXXI

[Conclusion.]

Le meneur du jeu.

 Mes seigneur, actendés un po :
4200 Se vous dirons de la legende
 Le surplus. Ung n'a peu comprendre
En cestuy jeu toute l'ystoyre.
Pour la briesveté de la memoyre,
Avons ceste ystoire abergiez,
4205 Et semblemant avons queulié
La partie plus evidente;
Car je cuyde, scelon m'entente,
Que de .viii. jour ung n'eut concleu
Entierement trestout le jeu.
4210 Laysé avons le fondament
De la cité d'Oste, et comment
La colompne fust ordonnée
[Et] des dyables constituée
Par ung p[a]ien qui riche fuz,
4215 Qu'on appellait Pollicarpus [1];
Et ung charbucle ot ou somonz,
Plus rouge qu'onque fust charbon,
Reluysant par toute Savoye,
Enseignant au païs la voie :

4201 peu, *ms.* peult.

[1]. Ces fables sont tirées d'un passage de Richard de la Val-d'Isère, que les Bollandistes ont rejeté comme interpolé. *(Acta SS. junii, II, 1075.)*

L'eul s'appelloit de la statue. 4220
De plusseurs estoit chier tenue,
Car il avoit mainte personne
Qui adouroint ceste colompne.
A cella Dieu a porveheu,
Comme avés veu a nostre jeu. 4225
Sainct Bernard gouverna l'egleyse
De Nostre Dame en telle guise,
Que servie en fust noblemant.
Sainct Bernard prechoit bien souvant,
Les orguellieux humilioit, 4230
Les envieux redargüoit,
Les yreulx y pacifioit,
Les avaricieux reprendoit,
Les luxurieux chastioit,
Les golliar duremant blammoit, 4235
Les pareseux abillitoit,
Les simple gens yl ensegnoit,
Les pouvres clerc il sustentoit,
Les egleyses il visitoit,
Les diffaultes il reparoit, 4240
Les desolés y consoloit,
Toute personne confortoit.
Quarante ans fus archidyaque,
Et vesqui quatre vings et quatre [1].
En ce monde fi tam de bien, 4245
Que bien [le] doyvent les crestiens
Honnorer et moult exaucier.
Moult le faut sainct Bernard prisier :
Bien neccessaire fust en Hoste.
Sainct Bernard le dyable nous oste, 4250

4223 ceste, *ms.* la. — 4224 *Ms.* D. y a.

1. Ces chiffres ne sont pas tout à fait conformes à ceux de la légende de Richard de la Val-d'Isère, qui fait mourir S. Bernard à 85 ans, après 42 ans d'archidiaconat, le 15 juin 1008.

　　　　　Et garde aussy d'aultre peril.
　　　　　Sainct Bernard preu de bien nous fit :
　　　　　Pour luy devons bien feyre feste.
　　　　　De ruynes et de tempeste
4255　　　Nous az gardé et deffendu.
　　　　　Sainct Bernard, pour sa grant viertu,
　　　　　Fonda le nouvel hospital.
　　　　　Quam son pere entendy le cas,
　　　　　Et cest aultre seignieur parens,
4260　　　Il fierent comme bonne gens,
　　　　　Et visiterent les maysons,
　　　　　Et offrirent de moult biau dons
　　　　　Largement, et mayson fondèrent [1].
　　　　　D'aultre seigneur si y donnèrent,
4265　　　Tout a l'onneur de sainct Bernard,
　　　　　En plusseurs lieux, a bonne part.
　　　　　Ung seignieur passant d'Engleterre
　　　　　Y donna tretoute sa terre
　　　　　Au bon hospital de Mont Jou.
4270　　　Il donna le Chastel Cornu,
　　　　　Qui vailoit moult, a la mayson :
　　　　　Je ne sçay par quelle rayson
　　　　　Il l'ont perdu par tout le monde [2].

4258 pere, ms. seignieur. — 4261 Ms. visiteront. — 4264 Ms. donneront. — 4268 Ms. Que y donna.

1. Il s'agit du sire de Beaufort, oncle et parrain de Bernard. « *Nempe Richardus pater in ipso Monte Jovis et monte Columnæ Jovis, [et] Bernardus dominus Bellifortis, patrinus et patruus, qui eum de sacro fontis baptismate levaverat, et ad eumdem pervenerat, ejusdem sancti Bernardi exhortationibus, ecclesias de eorum proprio dotatas sumptuose fundaverunt.*» *(Acta SS. junii, II, 1078.)*

2. Ce fait est tiré de la même légende. « *C um Richelmus Angelicus* (pour *anglicus?*) *de Roma reveniens peregrinus, ibi tanta expertus esset miracula et tantam Bernardi sanctitatem, castrum suum, vocatum Castrum Cornutum, cum suis juribus, magnæ æstimationis, in regno Angliæ, conversum in monasterium et ecclesiam cænobio Montis Jovis devotus erogavit.* » *(Acta SS. junii, ibid.)* Le « Château

Sainct Bernard en viertu habunde.
Sainct Nycholas est droit patron ; 4275
Mays sainct Bernard si a le nom [1].
En sa legende regardé :
Trente miracles trouverés,
D'aultres après plus de cinq cens [2].
Pour ce, debvés biem, bonne gens, 4280
Auctorisier et honnorer
Tel seignieur, et aussy donner
Largement en celle mayson,
Ou le peuple az refection.
Oste [aussy], tu doibs bien servir 4285
Sainct Bernard, et toy resjoïr,
Qui as esté ainsy servie
D'ung homme de si sancte vie,
Qui te delivra de servage
Et asseura celluy passage. 4290
Le païs ne valoit ung blanc
Si le passage ne fust franc.
Qui es celluy qui par la passe,
Qui volantier bien ne ly fasse ?
Car on y fet si belle aumone ! 4295
Je n'en excuse pas personne
Qui ne prégnie refection
Trés volantier, sanz fiction.
Peut ung mieulx ses biens emploier
Que les donner a foy aydier, 4300

4299 Ms. cest bien.

Cornu », en anglais *Hornechurch*, ou *Havering* (Essex, N. E. de Londres) appartint au couvent du Grand-Saint-Bernard jusqu'au xvie siècle. Voy. la *Vie de S. Bernard de Menthon*, par un chanoine du Grand-Saint-Bernard (Paris, 1862, in-12), p. 94, et surtout Dugdale, *Monasticum anglicanum*, éd. de 1846, VI, 652.

1. Dès 1123, le Mont-Joux avait pris le nom de Saint-Bernard.
2. Le premier chiffre s'applique à la première vie du saint ; le second, à quelque légende amplifiée.

A mantenir telle despense ?
Je vous prie que chescum y *pense*.
Pour ly aydier et b*esongnier*,
Nous ne volons *rien espargnier*,
4305 Car sainct Berna*rd* . . . .
A luy sommes tous . . . . . .
O Menton, may*son noble et digne*,
Dont est sail*li, par grace insigne*,
Tam notable *et vaillant seignieur*,
4310 Bien se doy*vent cil fayre honneur*,
Qui sont saillit *de tel mayson*
Et consanguins *a tel baron*
Regnant lassus en paradis,
Protecteur de tout le païs.
4315 N'es ce [pas] a trestout grant faulte
De laissier personne tan haulte,
Je dy son corps, en terre estrange ?
Au jour de huy chescum prent grant painne
D'avoir le meillieurs benefice ;
4320 Mays il n'è nulz qui soit propice
De pourchassié d'avoir le corps
De sainct Bernard, qui est dehors
Le païs, en la Lombardie,
A Novarre, ou fenist sa vie.
4325 C'est grant vergoine et grant domage
Au païs et a son ligniage
Et aus moines de son couvant,
Qui furent assés negligent
. . . . de temps
4330 . . . .
. . . . trespassa

4302-12 *Nous restituons de notre mieux, en italique, quelques fins de vers enlevées par une déchirure du ms.*

4327-28. Nous complétons encore ces deux vers ; mais les suivants sont trop mutilés dans l'original pour que nous hasardions une restitution.

. . . . uva
. . . . tie
. . . . prie
. . . . l est tard   4335
. . . . ict Bernard
. . . . el debvoir
. . . . ffon avoir
. . . . sans fim
. . . . mille mars d'or fim.   4340

VOCABULAIRE[1]

Abaissie (*en rime*) 2664, *abaissée*.
abeillié, *voy.* habillier.
abergié 475, habergié 3726, habergier 3741, *part.* abergiez 4204, *abréger.*
abillié, *voy.* habillier.
abilliemens, *voy.* habilliement.
acours, acourt, d' — *(en rime avec* court*)*, 1217 *(en rime avec* confort*)*, *d'accord.*
ad *(suivi d'un mot commençant par* d*)* 1362, *à.*
ademis 793; *le sens ordinaire de ce mot, « tête baissée, avec impétuosité » ne convient pas ici.*
adrechiers *(pour* adrechier*)* 1356, adresier 371, *adresser, diriger.*
affiques 1430, *broches, boucles servant à l'ornement.*
aygue 107, *eau.*
albade 1923, *aubade.*
alegret 1011, *vif, qui rend gai, épith. de* vin.
aleigre 621, *joyeux.*
ambaince 1838, *aumusse.*
ambroquelles 723 ?
ameurs 675 *(en rime avec* honneur*)* 1655, *amour.*
angel 1341, *ange.*
anuit, anuyt, anuy, 1932, 1956, 1959, 1979, *la nuit dernière.*
appareillie 3989, *préparée, destinée.*
appart 1781, *apparaît.*
appertement 3944, *promptement.*
après 3017, *auprès.*
aragier 975, 2109, *enrager.*
aranez 723 ?

---

1. L'*y* est classé avec l'*i*.

archediaque, archidiaque, archidyaque 1149, 1183, 1191, 2304, etc., archidiacre.

aresme 3443, condit. d'avoir, aurions.

assenée, mal — 721, mal adressée, mal tombée.

asseur (deux syll.) 3334, sûr, sans danger.

atire 2680?

aure, voy. oure.

aurrez, aurez, 1753, 1849, fut d'oïr, ouïrez.

autretel 182, aussi, également.

avangier 3537, avancer.

az 41, 43, 109, 180, etc., a (habet.)

az 93, 104, 304, etc., à.

Babuyn 2140, terme de mépris ayant à peu près le sens de « sot, imbécile ».

baysir 460, baiser ; cf. baissier.

baissier 2390, baiser.

barat 1826, 3495, tromperie, fausseté.

baratel, 1862 (anc. fr. buretel). En prov. barutel signifie bluteau et s'emploie au sens de bavardage, caquetage (voy. Mistral, Dict. prov. fr.) qui pourrait convenir ici, puisque c'est le fol qui parle. Pour un autre sens métaphorique du mot, voy. Raynouard, Lex. rom. II, 189.

bel, de — present 50, présentement.

bien allée 570, bienvenue.

bien veignant 164, 169, 192, etc., formule de bienvenue.

blanc 3276, 4291, petite monnaie d'argent; voy. Du Cange, albus, blancus.

bon jour, bon an 1745, formule de salut.

bon vespre 2431, bonsoir.

botaille 67, bouteille.

boucter, — cuire 1455, mettre à cuire.

bouray (ou bovray?) 2128, boirai.

Caint, le grant — 1868, le grand Khan.

Carmesim 1428, cramoisi; voy. Du Cange, carmesinus.

cars 4127, petite monnaie.

ce 29 pour se, si.

celluy 2398, avec le sens du datif.

ceril 4014, cilice.

cha 1005, 1012, etc.; plus souvent cza 133, 200, 212, etc., çà.

chaynonne 1688, chanoyne 1725, 1730-3, chanoinne (en rime avec personne) 1823, chanoine.

chappiron 168, chaperon.

chapuis 3196, 3214, charpentier.

VOCABULAIRE

charboniée 1015, *charbonnée, grillade.*

charbucle 4216, *escarboucle.*

charnalité 1498, *œuvre charnelle.*

chartossa 2280, chartrousse 2252, *chartreuse.*

che 1153, *ce, pron. masc.*

chevestre 4141, *licou, pour pendre un larron.*

chiminer 53, 89, 115, 145, *cheminer.*

chouse, chousse 2168, 2333, etc., *chose.*

cyeulx 2722, *ceux.*

cleyré 1464, *vin épicé.*

clop, *pp.* 177-9, *boiteux.*

clouche (*en rime avec* croce) 2770, 2775, *cloche.*

clouchié, Jacquemart est au — *loc. proverb.* 4147.

coiteux, coyteux 1483, 2075, *pressé, qui se hâte.*

coyteusement 2782, *vite, en hâte.*

collet 4152, *coup, soufflet; même sens que l'anc. fr.* coléce.

comment, coment 241-2, 1463, *comme.*

comparer 2021, 4110, *s'acquérir la bienveillance de qqun, obliger.*

confacion 1125; *il faut p.-ê. corriger* procession.

contrayre 244, *contracter.*

copet 3308, *sommet, crête d'une montagne; prov.* coupet.

cornet 3746, *coin d'une rue.*

courage 14, *ce qu'on a dans le cœur, intention.*

crie, crye 2609, 2637, *crieur public.*

cronner 4030, *pour* coroner? *célébrer avec pompe les obsèques?*

crosses 4088, *béquilles.*

crueux 1197, crueuse 2693, *cruel.*

cueurs 2543, *le chœur d'une église.*

cuytier, *réfl.* 2454, *se presser.*

culcu 1529, *coucou.*

cusin 340, cusim 56, 143, *cousin.*

cza, *voy.* cha.

Deffest (*en rime avec* arest) 1677, *part. passé de* deffaire, *détruit, perdu.*

deffiance 2101, *défi.*

derrire 1629, 3044 (*en rime avec* dire), *derrière.*

desert 3231, *construit comme un part. passé, ruiné.*

deslivrer 825, *se hâter.*

despachier, *actif* 3242, *hâter, presser; réfl.* 3807, *se dépêcher;* despachié 1243, *débarrassé.*

despendre 3274, *dépenser.*

despousez 3628, *disposé.*

desrochier 3087, *précipiter de haut en bas, abattre de fond en comble.*

determiner, *réfl.* 2017, *s'ex-*

terminer, se tuer de chagrin.
deulx 396, *doux*.
deustes, *de devoir, pour* deussiez, 2018.
dia, dya 1055, 1485, 2905, etc., *exclamation servant à renforcer l'idée anc. fr.* dea, *fr. mod.* da.
dicte 4184, *avis, jugement*.
dyëme 887, *dixième*.
diffaulte 4240, *défaut, manque*.
diffier 2096, *défier*.
diffinemant, 1208, *fin, mort*.
digner 135, *dîner*.
divers 84, 131, 1603, *vers, prépos*.
dorimays 3334, dorimès 3031, *désormais*.
dragie 1433, draygie 214, *dragée*.
droit cy 3409, *par ici*.

Edifiament 3210, *édifice*.
egleyse 3100, 3127 (*en rime avec* devise), 3134, *etc., église*.
empêches 2121, *empêchements*.
entennu, *part. d'*entendre, 2198, 2595, 2327, *etc.*
ententer 27, *projeter*.
entenus 1367, *tenue, obligé*.
entrementiers 210, *entretemps*.
entrepouser 1847, *interrompre*.
erege, *voy*. herege.

es 3486, *aux*.
escandelle *(en rime avec* celle) 1944, *scandale*.
esmodailles 2103, *rupture des fiançailles ?*
esragier 2934, *enrager*.
esser, 3336, *être*.
estrainne *(en rime avec* montaigne) 878, *origine*.
estrainne *(en rime avec* fine, corr. estrine) 568, *étrenne, don à l'occasion de noces*.
estuelle 1540, *étoile*.
euser, euseroit 1648, *hausser*.
exaussier 46, *élever*.
excus, 114, *dispensé*.

Fain, *dans le sens de désir*, 1091.
fallasse 762, *erreur*.
famez 452, *renommé*.
famme 3662, *bruit public, renommée*.
fasson, homme de —, *homme de bonne compagnie*.
feyturier 971, *sorcier*.
feulyarde 725 ?
fieulx, 385, 655, *fils*.
fillie, 280, 288, 490, 517, 543, filie 4108, *fille*.
fillieurs, filieurs, 185, 249 (*en rime avec* veul), 266, 417, *filleul*.
filliole 588, *filleul*.
fin, rendre — 1206, *rendre compte*.
firmament 5, *fermement*.
flectier 374, *fléchir, se dé-*

VOCABULAIRE

tourner *de la bonne voie.*
folatrie 2803, *folie.*
forsenir 2890, *devenir enragé.*
fort 4127, 4154, 4173, *denier fort.*

Gaignieur 405, *et pp.* 72-3, *laboureur.*
gaillaut 1645, gaillaus 329, *terme populaire analogue p.-ê. à* galier, *traduit dans le dict. de M. Godefroy par « mauvais plaisant ».*
gailler, se gaille 958 ; *lire plutôt* s'egaille, *s'étend.*
galant, sur le —, 347, *galamment, élégamment.*
galer 686, *s'amuser, faire la fête.*
gaster 2019, *affliger [qqun], le désespérer.*
gingibre 1433, *gingembre.*
golliar 4332, *débauché, libertin, qui ne songe qu'au plaisir.*
gontre 285 ?
grant, de — 581, 927, 1946, 1953, 2110, *vite, en hâte.*
graver, *impers.*, grave 2356 (*en rime avec* garde), *être pénible.*
groing 3056, *groin, désignation triviale de la face humaine.*
gros 851-4-9, 862, *pièce de monnaie valant deux sous.*
guerredonner 3212, *rémunérer.*
guerrir 1029, *guerroyer.*

Habandonnée, court — 1919, *cour plénière, ouverte à tout venant.*
habergier, *voy.* abergié.
habilliement 1475, *habillement, action de s'habiller;* au plur., abillimens 594, 670, *vêtements.*
habillier, *impér.* abillie 347, *part.* habilliez 1477, abeillié 355, *habiller.*
hayre 1349, herre 827, 3607, *douleur, affliction; toujours joint à* painne (*peine et* hayre).
hara 2995, *exclamation, appel au secours.*
haro 2995, *même sens.*
hasper 886, *happer, saisir.*
hasteriaulz 1458, hateriaulx 967, *tranches de viandes grillées.*
herege 971, 1197, herese 1041, erege 2798, 3432, *hérétique.*
heura 1734, houre 3341, *heure.*
hom (*en rime avec* ferons) 681, *homme.*
hostel 819, 3181, 3194, 3271, ostel 802, 3170, *hôte, hôtelier.*
houre, *voy.* heura.

I (*précédé de* qu') 112, 644, ilz 57, 64-6, *etc., il.*
il 4132, yl 1808, 3220, *y.*
infert 1606, 2713, 3040, *enfer.*

ion 95, 240, iunne 2178, *(toujours après* qu'), *un, une.*
yreulx 4232, *coléreux.*

Jambeïr 1640, *anc. fr.* jamboier, *marcher, faire aller ses jambes.*
joenne 1636, jouene 238, *jeune.*
joje (*en rime avec* synagogue) 1041, *je; cf.* jouz.
jouvant 276, *jeunesse? Les vers 276-7 paraissent corrompus.*
jouz 4131, *je; cf.* joje.
juvas 741, *secours.*

La, de la (*fr.* delez) 207, *auprès.*
lay 90, lays 134, *lac.*
ly 2478, 3861, *il.*
ly 3206, 3429, *le, sujet ou régime.*
ly 3132, *là.*
lie (*en rime avec* aye) 1625, *lieue.*
lyvre 1393, livre 1460, *lièvre.*
loongs (*en rime avec* -ons) 421, 438, *loin.*
luannes 1458, *sorte de mets.*

Maiour 1525 *femme, ménagère?*
malestreu (*en rime avec* batu) 4152, *malôtru, dans le sens primitif de malheureux, qui n'a pas de chance.*

malireux 1989, *malheureux.*
mantinier 2077, *matinal.*
marrons 832, *guides de montagne.*
mars 4340, *marcs, monnaie.*
masainne 2657, *malsaine.*
matire, matyre, 82, 229, 518, 2320, etc., *matière.*
mechance 895, 2849 4059, *méchanceté, malice.*
meyge 3821, 3844, *médecin.*
memorial 1441, *mémoire, note de choses dont on veut se souvenir.*
menestry 201, *ménétriers.*
mese (*en rime avec* egleyse) 3694, *mise, part. de* metre.
mi 2046, *moi.*
my, *plur. cas suj.* 457, 1173, 4165, *mes.*
mire, *subj. de* merir, *loc.* Dieu (*ou* Jhesus) le vous mire 1810, 3785, 3870, *Dieu vous le vaille.*
moyent 688, *moyennement, peu.*
monter, que tel chouse monte 603, *à quoi telle chose monte, ce qu'elle implique*; en tant que monte a moi 2244, *en ce qui me concerne.*
mort bieu 4143, *juron.*
mouve, *réfl.* 3763, *se mouvoir.*
muscadel 820, *vin muscat.*
muser 2437, 2477, *penser, songer à.*

Nefz 1773, *natif, originaire.*
noysable 2598, *nuisible.*
nully, a — 3189, *à nul.*

Omblier, 1485, *fut.* ombleray 68, *subj. pr.* omblie 2381, omble 734, *part.* omblié 726, omblier 1631, *oublier.*
orbache 4196, *aveugle; cf. l'it.* orbaccio.
ostel, *voy.* hostel.
oure 331, 465, 573, 650, *etc.*, aure 12, 167, *etc.*, *or, maintenant.*
ouvrés 1729, *pour* ouvert.

Pancie 2290, *pleine panse, ventrée.*
parent 192, *faute pour* parrain?
parail (*mot corrompu?*) 277, *parage.*
pessant 2353, *pesant, alourdi.*
petié 2588, *pitié.*
petite, nouvelle — 2130, *nouvelle pénible, mauvaise.*
piage 3490, *péage.*
piteux-euse 1251, 2690, *qui a de la pitié;* 1645, *piteux, qui inspire la pitié.*
plès 4181, *procès.*
po a poc 703, po a po 3381, *peu à peu.*
possidir, *part.* possidi (*en rime avec* mauldi) 3027, *posséder.*
potage 1014.
pour 3440, *etc., au sens de* par.

pourquoy que 1763, *c'est pourquoi.*
prestrer 1696, *ordonner prêtre.*
promission 593, *fiançailles.*
prouveoir, prouvoit 1815, proveheu 3494, *pourvoir.*
purfement (*mot corrompu?*) 1403, *messager?*

Quam 3121, *etc., quand.*
quarre 3579, *coin, angle; voy. le dict. de M. Godefroy, au mot* CARRE.
queulier, *part.* queulié 4205, *cueillir.*

Rebiter 3039, *faute pour* regiber, regimber, ruer?
recheu *part. pl. cas suj.* 432, *reçus.*
recombrie (*ou* recombrié, *pour* recombrier?), sans — 3173, *sans encombre.*
recontré (*pour* recontrer) 435, *aller à la rencontre.*
regime, le baston de — 2540, *le bâton de commandement, insigne de l'archidiacre.*
religion 3361, 3678, *ordre religieux.*
remier, *voy.* romier.
resannable 2402, *qui guérit.*
resinner 2448, *résigner* [*une fonction*].
respouser, repouser 3623; *ind. pr.* respouse 3839, *reposer.*

ribal 942, *ribaut.*
riens *employé pour renforcer la négation,* 3039, 3630; *dans une interrogation* 820.
romant, *opposé à latin* 3363.
rombe 1466, 2173, *robe.*
romier 1097, 2872, remier 2748, 2829, *pèlerin qui va à Rome.*

Saing (*en rime avec* semblant) 310, *sang.*
sains 1670, 2446, *sans.*
sains 2766, *cent.*
sainté 2328, 2359, *santé.*
samonsse 511, *communication, chose dont on fait part.*
sanctité 3739, *sainteté.*
sauver, Dieu te sault 2742, *forme de salutation.*
secroyt, secroyte (*en rime avec* retraite) 82, *secret.*
sentir 986, *entendre; cf. l'it.* sentire.
si, *plur. cas suj.* 1169, *ses.*
sognier, sognie (*en rime avec* besognie) 21, *avertir, conseiller.*
solois (*employé comme régime*) 1540, *soleil.*
somonz 3677, 4216, *sommet.*
soret, vin —, 1010, *vin blanc, qui en réalité est plutôt de couleur* sore, *jaunâtre.*
sors 2446, 2471, *suffrage, décision.*
souffire, *subj. pr.* souffice 2521, *suffire.*

souffrir, *ind. pr.* souffricent 2721.
soullet 1511, *seul.*
sousvenir 3778, *souvenir;* 196, *subvenir.*
subit, de — 2023, *immédiatement, sur le champ.*
sus et jus 3603, *haut et bas, partout.*

Tabernacle 3591, *église, édifice consacré au culte.*
tarsier 346, *tarder.*
terruer 256, *territoire, possessions territoriales.*
tinyr 704, *tenir.*
toudis 2278, *toujours.*
trapas, 985, *anc. fr.* trespas, *passage.*
trasse 766, *trace, voie.*
tresmoulletes 1461, *sorte de mets.*
truffer 4156, *plaisanter, badiner.*

Ung 342, 515, 652, 742, 1195, 1736, 2094, *etc., au sens d'*on.

Veé (*d'une syllabe*), veé cy 177, 636, 946, *etc., voici; cf.* vous veé 2475, *vous voyez.*
venir, *subj. pr.* vignie 3861, veignant 904, veignent 3897, *imparf.* venessés 634.
verny, rombe de — 2173?

vice 2338, *satisfaction, avantage?*
viertus 3476, *miracles.*
villiars, *cas sujet* 2034, *vieillard.*
vouloir, *ind. pr.* vuys 203, voil, voyl 185, 459.
vous, *pron. poss. de la pluralité, au sing.* 476, 2229; *plur.* 2212, 2446, *etc.*; voz, *sing.*, 4139, *votre, vos.*

TABLE DES NOMS

AGRAPART, diable, 907, 2931, pp. 41-5, 128-34.
Alamagnie, 2565, Allemagne.
ANTHOYNE (SAINT), le feu de — 3955, malédiction.
Aoste, voy. *Oste*.
ASTAROTH, diable, pp. 42-5, 128-34.
AUGUSTIN (SAINCT), sa règle, 3362, 3514.

Babiloinne, 1868, probablement Babylone d'Égypte. Le Caire.
Bellial, Belliart, Belliar, diable, pp. 42-5, 128-34.
BERNART DE MENTHON (SAINT), *passim*.
BERNART, seigneur de Beaufort, personnage du mystère, 146, 319, 428, 497, pp. 9-17.
BERNOLINE de Duyngt, épouse du seigneur de Menthon (voy. p. 4, notes), pp. 10, 13-5, 31.
Biaufort, 54, 70, 146, 428, 497, *Biaufor* 631, Beaufort sur Doron, Savoie, arr. d'Albertville. — Voy. BERNART et ESCUIER.
Bourg ou *Bourt Saint-Pierre*, 883 ; l'hôte du — pp. 36-7, 144-6; le Bourg-Saint-Pierre en Valais.
BRUNET, diable, 2901, 3048, pp. 42-5, 128-34.

Cenis (Mont), 2566.
Chambre (La), 260, village de Savoie, arr. de Saint-Jean-de-Maurienne.
Chastel Cornu, 4270, domaine en Angleterre.
Colompna Jou, 3516 (*Columna Jovis*), le Petit Saint-Bernard.
Compès, 257, Compois, hameau de la commune de Meinier, canton de Genève, duquel tirait son nom une ancienne famille. Le dicton cité en note est rapporté sous une forme peu différente par le P. Menestrier,

Recherches du Blason, II, 80.
Croys blanche (la), 3266, enseigne d'auberge au Bourg-Saint-Pierre.

Duyng, 62, 90, 105, 152, 190, 320, 447, 471, Duingt, château, sur le lac d'Annecy.

Engleterre, 4267, Angleterre.
Entremont, 914, en Valais.
Escuier (l') de Biaufort, personnage du mystère, p. 16.

France, 919, 1109, 2893, *Franche*, 1111.

Gabriel (saint), personnage du mystère, 1301, 1397, 1341, 3941, pp. 173, 175.
Genève, 1414, 1424.
Geneveys, 258, *Genevès*, 1404, *Genevez*, 1911, *la comté de Genevé*, 535, le Genevois.
Gile (saint), (en rime avec *fillie*), invoqué, 1401.

Hoste, voy. *Oste*.

Jacquemars, dans une loc. proverb., 4147, sonneur de cloches.

Jaque (saint), 1141.
Joux, voy. *Mont Joux*.
Jupiter, idole et démon, qualifié de fils du diable, 1037, de fils de Saturne, 1155, 3468, nommé 940, 1280, 1295, 1306, 1889, etc., pp. 41, 127-134. Mont de — 2824, le Mont-Joux ou Grand Saint-Bernard.

Lausanna, 914, *Lausonne*, en rime avec *poigne*, 2112.
Lyzon, 726, *nom de femme*.
Lombardie, 2562, 3533, 3552, 3569, 3603, 3671, 3735, 4323.
Lucifer, 2851.

Magdelene (la), invoquée, 3219.
Marguerite de Miolan, fiancée de Bernard, 516, 2129, etc., pp. 25-6, 96.
Mariote, 1872, Mariocte, 1870, nom de femme.
Marotelle, 414, nom de femme.
Martin (saint), invoqué, 787, 1624, 2613, 3277.
Melam, Melan, 3578, 3737, Milan.
Menton, 60, 80, 104, 127, 131, 135, 155, 199, 477, etc. Menthon-Saint-Bernard (Haute-Savoie).
Menton, messager du seigneur de Menthon, pp. 6-9.

Michiel, Michel (saint), 2382, 2502, 3940, p. 173-4.
Milan, voy. Melan.
Myolans, 261, 279, 294, 298, 310, 324, 333, 361, 418, 2058, le château de Miolan, commune de Saint-Pierre d'Albigny, arr. de Chambéry. — Le seigneur et la dame de — pp. 20-28, 61, 93-7, 99.
Myolans, messager du seigneur de Miolan, 434, pp. 61-2, 94, 97-8.
Monmalet, 2977, 2991, 3017, 3047, 3187, 3498. Voy. p. 131, note 1.
Mont-Joux, Mont-Jou, Mont-Jo, 1186, 1894, 2585, 3389, 3592, 3635, 3677, 3724, 3806, 3895, 3907, 3959, 4130, 4269, le Grand Saint-Bernard. En rime avec viertus, 3635; avec jus, 3907; avec cornu, 4269; avec jouz (je), 4130.
Morianna, 915, la Maurienne.

Nicaise (saint), invoqué, 797.
Nicolas, Nycolas, (saint), invoqué, 730; patron de l'église du Mont-Joux, 3106, 3136, 3367, 3505, 4275; personnage du mystère, p. 70-1, 121-2, 134, 139, 172.
Nostre Dame, patrone de l'église du Mont-Joux, 3365, 3507, 4227.
Nostre Dame de Liance, invoquée, 19.
Novarre, Novarre, 3578, 3738, 3743, 4324.

Oste, 1056, 1136, 1623, 2561, 2724, 3386, 3591, 3894, 4211, 4285, Hoste, 1076, 2514, 4249, Aoste, cité.

Paris, 1432.
Pavie, 3577.
Pierre (saint), invoqué, 4051.
Pol (saint), invoqué, 529.
Pollicarpus, 4215.

Richart, seigneur de Menton, personnage du mystère, pp. 1-3, 10-9, 30-3, 63-7, 87-92, 97, 161-3.
Romme, 1180, 1869, 2582, 3158, 3317.

Saint-Pierre, voy. Bourg saint Pierre.
Saint-Remi, 1002, 1096, village du Val d'Aoste, au pied du Grand Saint-Bernard.
Sathanas, 2857, nom d'un démon, fils de Lucifer.
Saturnus, 1155, Saturne, 3468.

Savoye, 295, 1357, 1912, 2093, 4218.
Sauvoye, 259.
Sion, l'évêché de — 1132.

Tarantaise, 915.

Val d'Oste, 818, 913-4, 1085, 1278, 1287, 1304, 2502, 3655.
Valez, 817, le Valais.
Vendainne (corr. *Vaudane ?*), porte — 1684, à Aoste.

Publications de la Société des anciens textes français. *(En vente à la librairie* Firmin Didot et Cie, *56, rue Jacob, à Paris.)*

Bulletin de la Société des anciens textes français (années 1875 à 1888). N'est vendu qu'aux membres de la Société au prix de 3 fr. par année, en papier de Hollande, et de 6 fr. en papier Whatman.

Chansons françaises du xve *siècle* publiées d'après le manuscrit de la Bibliothèque nationale de Paris par Gaston Paris, et accompagnées de la musique transcrite en notation moderne par Auguste Gevaert (1875). *Epuisé.*
Il reste quelques exemplaires sur papier Whatman, au prix de.... 37 fr.

Les plus anciens Monuments de la langue française (ixe, xe siècles) publiés par Gaston Paris. *Album* de neuf planches exécutées par la photogravure (1875)... 30 fr.

Brun de la Montaigne, roman d'aventure publié pour la première fois, d'après le manuscrit unique de Paris, par Paul Meyer (1875)............... 5 fr.

Miracles de Nostre Dame par personnages publiés d'après le manuscrit de la Bibliothèque nationale par Gaston Paris et Ulysse Robert, t. I à VII (1876, 1877, 1878, 1879, 1880, 1881, 1882), le vol................. 10 fr.
Texte complet. Le t. VIII, qui est sous presse, contiendra le vocabulaire.

Guillaume de Palerne publié d'après le manuscrit de la bibliothèque de l'Arsenal à Paris par Henri Michelant (1876).......................... 10 fr.

Deux Rédactions du roman des Sept Sages de Rome publiées par Gaston Paris (1876)... 8 fr.

Aiol, chanson de geste publiée d'après le manuscrit unique de Paris par Jacques Normand et Gaston Raynaud (1877)...................... 12 fr.
(Ouvrage couronné par l'Académie des inscriptions et belles-lettres.)

Le Débat des Hérauts de France et d'Angleterre, suivi de *The Debate between the Heralds of England and France, by* John Coke, édition commencée par L. Pannier et achevée par Paul Meyer (1877)........... 10 fr.

Œuvres complètes d'Eustache Deschamps publiées d'après le manuscrit de la Bibliothèque nationale par le marquis de Queux de Saint-Hilaire, t. I, II, III, IV et V (1878, 1880, 1882, 1884, 1887), le vol............ 12 fr.

Le Saint Voyage de Jherusalem du seigneur d'Anglure publié par François Bonnardot et Auguste Longnon (1878)............................ 10 fr.

Chronique du Mont-Saint-Michel (1343-1468) publiée avec notes et pièces diverses par Siméon Luce, t. I et II (1879, 1883), le vol........... 12 fr.

Élie de Saint-Gille, chanson de geste publiée avec introduction, glossaire et index, par Gaston Raynaud, accompagnée de la rédaction norvégienne traduite par Eugène Koelbing (1879)...................................... 8 fr.

Daurel et Beton, chanson de geste provençale publiée pour la première fois d'après le manuscrit unique appartenant à M. A. F. Didot par Paul Meyer (1880)... 8 fr.

La Vie de saint Gilles, par Guillaume de Berneville, poème du xiie siècle publié d'après le manuscrit unique de Florence par Gaston Paris et Alphonse Bos (1881).. 10 fr.

L'Amant rendu cordelier à l'observance d'amours, poème attribué à Martial d'Auvergne, publié d'après les mss. et les anciennes éditions par A. de Montaiglon (1881).. 10 fr.

Raoul de Cambrai, chanson de geste publiée par Paul Meyer et Auguste Longnon (1882).. 15 fr.

Le dit de la Panthère d'Amours, par Nicole de Margival, poème du xiiie siècle publié par Henry A. Todd (1883)............................ 6 fr.

Les œuvres poétiques de Philippe de Remi, sire de Beaumanoir publiées par H. Suchier, t. I-II (1884-85) .... 25 fr.
Le premier volume ne se vend pas séparément; le second volume seul 15 fr.

La Mort Aymeri de Narbonne, chanson de geste publiée par J. Couraye du Parc (1884).. 10 fr.

Trois versions rimées de l'Evangile de Nicodème publiées par G. Paris et A. Bos (1885).. 8 fr.

Fragments d'une vie de saint Thomas de Cantorbery publiés pour la première fois d'après les feuillets appartenant à la collection Goethals Vercruysse, avec fac-similé en héliogravure de l'original, par Paul Meyer (1885).. 10 fr.

Œuvres poétiques de Christine de Pisan publiées par Maurice Roy, t. I (1886)... 10 fr.

Merlin, roman en prose du xiiie siècle, publié d'après le ms. appartenant à M. A. Huth, par MM. G. Paris et J. Ulrich, t. I et II (1886)......... 20 fr.

Aymeri de Narbonne, chanson de geste publiée par Louis Demaison, t. I et II (1887)... 20 fr.

Le Mystère de saint Bernard de Menthon, publié d'après le ms. unique appartenant à M. le comte de Menthon, par A. Lecoy de la Marche (1888). 8 fr.

Le Mistère du Viel Testament, publié avec introduction, notes et glossaire, par le baron James de Rothschild, t. I, II, III, IV et V (1878, 1879, 1881, 1882, 1885), le vol.. 10 fr.
(Ouvrage imprimé aux frais du baron James de Rothschild et offert aux membres de la Société.)

Tous ces ouvrages sont in-8°, excepté *Les plus anciens Monuments de la langue française*, album grand in-folio.

Il a été fait de chaque ouvrage un tirage sur papier Whatman. Le prix des exemplaires sur ce papier est double de celui des exemplaires en papier ordinaire.

Les membres de la Société ont droit à une remise de 25 p. 100 sur tous les prix indiqués ci-dessus.

La Société des Anciens Textes français a obtenu pour ses publications le prix Archon-Despérouse, à l'Académie française, en 1882, et le prix La Grange, à l'Académie des Inscriptions et Belles-Lettres, en 1883.

Le Puy. — Imprimerie de Marchessou fils, boulevard Saint-Laurent, 23.